# SANACIÓN DEL NUEVO PENSAMIENTO SIMPLIFICADA

Kate Atkinson Boehme

Traducción de
Marcela Allen Herrera

WISDOM COLLECTION
PUBLISHING HOUSE

Copyright © 2020 por **Marcela Allen**

Todos los derechos reservados. No se permite la reproducción total o parcial de esta obra, ni su incorporación a un sistema informático, ni su transmisión en cualquier forma o por cualquier medio (electrónico, mecánico, fotocopia, grabación u otros) sin autorización previa y por escrito de los titulares del copyright. La infracción de dichos derechos puede constituir un delito contra la propiedad intelectual..

Wisdom Collection LLC
McKinney, Texas/75070
www.wisdomcollection.com

**Sanación del Nuevo Pensamiento Simplificada.** – Edición Revisada
Publicado en Estados Unidos

ISBN 978-1-63934-057-6

La versión original de este libro fue publicada en el año 1918 por la destacada autora y exponente del Nuevo Pensamiento Kate Atkinson Boehme.

Para otros títulos y obras del Nuevo Pensamiento, visita nuestro sitio web

www.**wisdom**collection.com

# INTRODUCCIÓN

En el año 1902 escribí un libro titulado "Sanación Mental Simplificada". Hoy, dieciséis años después, he escrito otro, "Sanación del Nuevo Pensamiento Simplificada". En comparación, el libro anterior es un pequeño riachuelo de montaña, mientras que este último es como un río ancho y profundo que nació en el primero. A lo largo de dieciséis años de meditación y experiencia, la corriente de mi pensamiento ha crecido hasta alcanzar mayores proporciones, no obstante, al releer el primer libro, me doy cuenta de que sigo manteniendo las mismas ideas, pero las veo desde una perspectiva más amplia y bajo una luz más clara.

Este último libro contiene muy poco del contenido del primero. Aquí y allá una frase o un párrafo, ocasionalmente una ilustración o un comentario útil, eso es todo. Por otra parte, este último libro contiene muchas cosas que ni siquiera se insinúan en el primero. Me regocijo de no encontrar nada que contradiga o anule lo que escribí anteriormente, nada que una experiencia más amplia demuestre que es falso, y esto me convence de que he expresado la Verdad, ya que la Verdad, como Dios, no está sujeta a cambios ni sombra de variación.

Sinceramente,
La Autora.

# CONTENIDOS

INTRODUCCIÓN ...................................................................i
¿QUÉ ES LA SANACIÓN DEL NUEVO PENSAMIENTO?.1
EL PENSAMIENTO ES UNA FUERZA ...............................14
LA MENTE SUBCONSCIENTE ..........................................26
LA MENTE SUPERCONSCIENTE ......................................38
CÓMO SANARTE A TI MISMO Y A LOS DEMÁS ..........45
LA MANO AMIGA ................................................................65
ANIMACIÓN DE LAS FORMAS DE PENSAMIENTO ......75
EL AVIVAMIENTO ................................................................83
LA ÚNICA VOLUNTAD .......................................................90
ALCANZANDO MAYORES NIVELES DE ENERGÍA ....100
PRINCIPIOS PARA LA SANACIÓN ..................................114
EL NUEVO PENSAMIENTO CONDUCE A LA FELICIDAD .........................................................................127
AFIRMACIONES PARA TRIUNFAR ................................135
BIBLIOGRAFÍA ...................................................................141

CAPÍTULO 1

# ¿QUÉ ES LA SANACIÓN DEL NUEVO PENSAMIENTO?

Si eres un observador de la vida y sus acontecimientos, admitirás el hecho de que tu pensamiento afecta a tu cuerpo para bien o para mal. Habrás descubierto que la preocupación, el miedo y la ansiedad disminuyen la acción de tu corazón, entorpecen tu circulación, te producen indigestión, dolor de cabeza, neuralgia y otras dolencias. Se dice que la reiteración de pensamientos de preocupación golpeando las mismas células cerebrales desgasta tanto el tejido celular que finalmente se rompe, lo que suele provocar la muerte. Pero, incluso si el resultado no es tan grave, un largo asedio de preocupación por lo general termina en un período de enfermedad, lo cual es un esfuerzo de conservación de la Naturaleza, ya que desvía la preocupación hacia un nuevo canal, de modo que golpea en un conjunto diferente de células cerebrales o, mejor aún, detiene la preocupación por completo, porque cuando uno está muy enfermo, las causas habituales de preocupación no importan mucho, de hecho, nada importa más que el sufrimiento físico y cómo deshacerse de él.

Esto es solo un indicio de los muchos efectos nocivos del pensamiento sobre el cuerpo. No nos detendremos en ellos, sino que pasaremos a los efectos beneficiosos del pensamiento saludable, y más especialmente del Nuevo Pensamiento.

Esto nos lleva a la pregunta: ¿Qué es el Nuevo Pensamiento? No puedo pensar en una definición más perfecta, plena y completa que la que encontramos en esas maravillosas palabras de Schopenhauer: "Clara Visión del Mundo".

El Nuevo Pensamiento representa un tremendo movimiento de la mente humana hacia la comprensión de las cosas como realmente son. Desde el principio de la vida humana en este planeta, desde nuestros primeros antepasados salvajes, ha sido un largo y duro viaje de exploración y descubrimiento, sin un mapa que sirviera de guía, excepto el del dolor o el placer. Creo que el ser humano siempre ha buscado instintivamente la Verdad, pero la ha encontrado velada; de ahí sus falsas creencias respecto a ella. En la evolución de un germen de Verdad existente en cada falsa creencia radica el avance hacia la "Clara visión del mundo".

No podemos imaginar cómo le parecía esta tierra al hombre primitivo, pero sabemos que parecía estar bajo el dominio de fuerzas siniestras y crueles, siempre dispuestas contra él en la lucha por la existencia.

Ahora, en su clara visión, ve esas fuerzas como benéficas, todas trabajando hacia su más elevada evolución, todas tendiendo hacia la salud, la alegría y el bienestar general último. Estos estados mentales y corporales no pueden imponerse al individuo desde el exterior, deben elaborarse desde el interior, como la araña teje su tela con su propia sustancia. Dios no concede al ser humano la dicha como un don inmerecido. La hace brotar de él por medio del impulso divino.

A medida que la creciente inteligencia del individuo abarca cada vez más de la creación, ha descubierto que el pensamiento es una poderosa Fuerza, aunque oculta. De hecho, toda Fuerza está oculta, pero en algunos casos los medios materiales son evidentes, mientras que en el funcionamiento del pensamiento el mecanismo es invisible e intangible.

¿Cómo es posible que el Pensamiento actúe sobre los nervios y los músculos del cuerpo, causando el movimiento? Nadie ha explicado nunca este misterio y, sin embargo, lo aceptamos como un hecho, no solo porque los fisiólogos nos lo digan, sino porque lo sabemos por experiencia propia.

Veo un libro sobre la mesa. Pienso que me gustaría examinarlo. Soy consciente de ese pensamiento. Luego pienso que voy a tomarlo. También soy consciente de ese pensamiento. Entonces lo tomo y soy consciente de que, de alguna manera misteriosa, mi pensamiento ha hecho que mi mano se acerque a la mesa y atraiga el libro hacia mí. Se han puesto en juego cientos de nervios y músculos y, sin embargo, no sé cómo se ha logrado. Puede que me expliquen cómo responden los músculos al estímulo nervioso, cómo se contraen y expanden en obediencia a él, y puedo ver que toda la red de nervios y músculos de todo el cuerpo está controlada por el pensamiento; pero eso no es ver cómo se hace.

Al parecer, eso debe seguir siendo un misterio. Pero ¿por esa razón lo negamos? En absoluto. No conozco a nadie que no reconozca que el pensamiento controla el cuerpo, es decir, que su pensamiento controla su propio cuerpo.

Por tanto, puedo dar por sentado que lo reconoces, aunque no puedo esperar que en este punto llegues tan lejos como para reconocer que el pensamiento de otra persona puede actuar sobre tu cuerpo o sobre tu mente. Por supuesto, sabemos que el habla audible o la palabra escrita de otra persona afectarán a tu mente y, secundariamente, a tu cuerpo, pero que un pensamiento tácito produzca tal efecto está más allá de tu credibilidad.

La ley de la telepatía o transmisión del pensamiento ahora es aceptada por científicos de todo el mundo. Hombres como sir Oliver Lodge, sir William Crookes y Alfred Russell Wallace han probado esta ley y han demostrado que es un hecho.

Pero si buscas una prueba más cerca de casa, puedes encontrarla en el siguiente sencillo experimento. Reúne a algunos de tus amigos. Véndale los ojos a uno y colócalo en el centro de la habitación, después de haberle mostrado una llave u otro objeto que pretendes que él encuentre. Rodea a esta persona con el resto de tus amigos, formando un círculo cerrado con las manos tomadas, mientras todos piensan constantemente en la llave en el lugar donde está depositada. Después de algunas vacilaciones, la persona con los ojos vendados, con pasos lentos e inseguros, se dirigirá hacia la llave y acabará por encontrarla.

Describiré la sensación de la persona con los ojos vendados tal como yo la experimenté. Primero sentí la mente completamente vacía. Todo pensamiento parecía desvanecerse. Luego, en pocos segundos, me sentí empujada por manos invisibles en una dirección determinada, aunque ninguna mano me tocaba. Tan fuerte era la inclinación de mi cuerpo en esa dirección que me habría caído si no hubiera extendido un pie para equilibrarme. Luego otro empujón y otro paso, y así me fui acercando poco a poco a una silla en la que habían colocado la llave. Cuando llegué a la silla todo mi cuerpo se relajó y me incliné sobre ella, extendiendo ligeramente los brazos hasta que una mano tocó la llave. En otra ocasión, la llave estaba colgada en la pared, y cuando toqué la pared sentí el deseo de estirar un brazo hacia arriba. Lo hice y agarré la llave donde colgaba de un clavo.

Ahora bien, si la fuerza de esas mentes se hubiera dirigido a mi mente, podría haber tenido una idea definida de la posición de la llave. Probablemente, habría pensado: la llave está en la silla o, la llave cuelga de la pared, pero no tuve ese pensamiento definido, nada más que un vago movimiento ciego que no podía explicar. Me sentí impulsada a moverme, sin saber por qué. Por lo tanto, parecía que el pensamiento de las mentes que se concentraban en mí actuaba directamente sobre mi cuerpo sin pasar por el medio de mi mente. Para mí, esto era una prueba concluyente de que el pensamiento de una persona puede actuar directamente sobre el cuerpo de otra.

Hay un gran hospital en Francia llamado La Salpêtrière. Es uno de los hospitales más grandes y antiguos del mundo, cubre un área de setenta y cuatro acres, y consiste en cuarenta y cinco grandes bloques. En ese hospital los pacientes son tratados casi enteramente por el poder del pensamiento, pero se utiliza como sugestión hipnótica. Allí se hacen cosas muy extrañas que difícilmente creerías, si la reputación de los médicos a cargo y el prestigio del hospital no respaldaran las afirmaciones.

Déjame decirte lo que se hace a esos pacientes mientras están en estado de hipnosis. Se coloca una gota de agua fría sobre la piel y se le dice al paciente que es aceite hirviendo. Entonces, se produce una ampolla. Ahora, ¿cómo supones que se produce este efecto? Todo un misterio, ¿no? Pero siendo realizado y atestiguado por médicos de renombre en un hospital de renombre, no es posible dudarlo.

Este es, pues, el poder del pensamiento. Puede convertir una gota de agua fría en un violento irritante. Cuando te das cuenta de que el agua fría, cuando se usa con la sugestión, puede provocar una ampolla, ¿puedes dudar del poder del pensamiento sobre las secreciones del cuerpo? Por otra parte, la gota de agua no es realmente necesaria en el experimento, porque el pensamiento sin ayuda material ha causado una ampolla, en las pruebas que acabamos de mencionar. La sanación del Nuevo Pensamiento no es una sugestión hipnótica. Solo cito esto último para demostrar el poder del Pensamiento.

El profesor William James, de Harvard, dijo que la tumefacción puede ser producida por el pensamiento en cualquier parte del cuerpo. Siguiendo el mismo principio, aplicado de manera opuesta, la tumefacción puede ser eliminada por el pensamiento.

El Dr. Elmer Gates de Washington me demostró de manera concluyente que la sangre puede ser enviada aquí y allá a través del cuerpo, simplemente volviendo el pensamiento sobre ella y dirigiendo su corriente. Esto me lo demostró mediante un experimento real.

Asimismo, otros científicos han hecho afirmaciones igual de notables, y su palabra debe ser válida. Aceptas mucho de la evidencia de químicos, astrónomos y naturalistas, y la evidencia a favor del poder del pensamiento es igual de convincente. Nadie que investigue a fondo puede dudar de ello.

Creo que quizás el mayor obstáculo para nuestra creencia de que el pensamiento puede pasar de una mente a otra es que no parece haber ningún agente material de transmisión, ningún vehículo para viajar. Pero lo hay. Es una materia refinada en forma de éter, y sobre este éter viaja el pensamiento. Hay cosas que no podemos detectar con nuestros sentidos y que, sin embargo, existen, y este éter es una de ellas.

¿Quién hubiera pensado, hace algunos años, que hoy en día telegrafiaríamos sin cables? Se instala un transmisor en Nueva York y un receptor en Boston, o en cualquier otro punto, y el mensaje va directo de uno a otro. Entonces, ¿por qué no puede viajar un mensaje por el éter del sanador al paciente? El sanador es el transmisor y el paciente el receptor, el mensaje va directo y seguro de uno a otro, no importa cuán grande sea la separación entre ambos. Un mensaje telepático va de aquí a Inglaterra, Finlandia, Australia, Sudáfrica, o dondequiera que se encuentre el receptor, en forma de paciente. Las cartas tardan semanas y meses en llegar a esos puntos distantes, pero el pensamiento lo hace en un instante, como un relámpago eléctrico. Tenemos un poder de pensamiento eléctrico, y vivimos en una era eléctrica. En los próximos años se revelarán aún mayores maravillas.

No es el mensaje enviado del sanador al paciente lo que sana. No es el pensamiento del sanador lo que cura. Entonces, ¿qué es? Es el Espíritu de Dios que habita en el propio paciente.

¿Y por qué no se cura sin la intervención de un sanador? A veces lo hace o, por otra parte, necesita ser llamado a la expresión por la fe y el reconocimiento de otra mente, como la mente del sanador, alguien que tiene una abundante fe en el poder de la sanación espiritual.

Si bien el Espíritu de Dios es todopoderoso, debe fluir a través de ciertos canales para hacer su trabajo, y esos canales son los procesos mentales. Por esa razón, antes utilizábamos el término "Sanación Mental", pero lo hemos descartado, ya que no sugiere el principio espiritual que actúa. Los procesos mentales están muertos y son automáticos a menos que sean infundidos por la vida del Espíritu, como te mostraré en el próximo capítulo.

El espíritu no tiene forma, pero asume forma cuando crea un árbol, una flor, un planeta, un ser humano o un insecto, o un pensamiento, sí, porque los pensamientos tienen forma, aunque invisibles al ojo físico, al igual que miríadas de otras formas en el universo que son de materia más fina que lo que la retina del ojo puede registrar.

Las formas de pensamiento están dotadas de vida e inteligencia y hacen un trabajo maravilloso en la curación de la enfermedad y de la infelicidad. Cuando he dicho que el pensamiento del sanador no cura al paciente, debería haber añadido que tiene una influencia benéfica sobre el paciente, en el sentido de que suscita su correspondencia en la mente del paciente. Por ejemplo, los pensamientos de valor y esperanza suscitan pensamientos de valor y esperanza en el paciente, y estos pensamientos conducen a la salud y la felicidad. Los pensamientos de fe que van del sanador al paciente despiertan la fe en el paciente, y eso es fundamental para la sanación, de modo que en ese sentido el sanador es un agente en la curación. Sin embargo, lo que deseo inculcar en tu mente es el hecho de que tú estás tan cerca del Poder Sanador Divino como el sanador, y que cuando aprendes a abrir los canales de tu pensamiento a su flujo, este fluye directamente de Dios a través de ti. Por lo tanto, el verdadero sanador es un maestro, tanto consciente como subconscientemente.

Conscientemente, enseñando por medio de lecciones y subconscientemente, por medio de la transmisión del pensamiento, mediante el envío de pensamientos de Verdad y Amor.

La sugestión no es necesariamente control hipnótico, sino simplemente transmisión de pensamientos. El reporte médico de Filadelfia dice editorialmente:

"La sugestión es la fuerza motriz en el tratamiento de las enfermedades. Experimentados médicos la emplean habitualmente en beneficio del paciente. Los amigos y las personas más prudentes que acuden a la cabecera del enfermo practican la sugestión llevando consigo la seguridad de que vendrán cosas mejores. Una palabra de ánimo, la sonrisa tranquilizadora, inspirar esperanza, eso también es sugestión. Los anillos reumáticos, la curación magnética y la curación divina tienen su raíz en la sugestión. Si el médico, con capacidad para diagnosticar enfermedades y sin la ayuda de sedantes y narcóticos, puede aliviar dolencias como el dolor de cabeza, el lumbago, la ciática o la agonía de la artritis reumatoidea, el deber le impone la obligación de hacerlo".

Esto muestra la tendencia de los más avanzados y liberales de la fraternidad médica. Ellos, con nosotros, están entrando en una "Clara Visión del mundo" que implica la visión de curas más finas que las que encontramos en los medicamentos.

Como puedes ver, el mundo sigue avanzando y ningún sistema conservador puede detenerlo. Un sistema da lugar a otro. Diferentes escuelas de medicina han presentado sus reivindicaciones, han tenido su día y han desaparecido para dar lugar a otras más efectivas. La Sanación del Nuevo Pensamiento está aquí ahora y está teniendo su día. Si demuestra ser lo que el mundo está buscando, se mantendrá. Si no, dará lugar a algo mejor. Sin embargo, eso no nos concierne, ya que, mientras tengamos un poder para aliviar la enfermedad y el dolor de la humanidad, es mejor utilizarlo al máximo en lugar de buscar de forma vaga lo que posiblemente pueda venir después. Cuando esté en decadencia habrá llegado el momento de buscar algo mejor. Ahora no está declinando, sino elevándose hacia el cenit.

Antes de pasar al siguiente capítulo, reflexiona sobre lo que he dicho acerca del poder del pensamiento y de las pruebas de su transmisión de mente a mente. Admitidos estos dos puntos, no tardarás en conceder al pensamiento la función de crear o curar la enfermedad, y más adelante verás cómo es que el Nuevo Pensamiento cura la enfermedad.

El Nuevo Pensamiento sana porque, en su clara visión del mundo, ve que el Universo está gobernado por el Amor y la Inteligencia y, por lo tanto, sabe que realmente nada puede salir mal en estas vidas nuestras. Ve en la enfermedad, la infelicidad y la adversidad ángeles en la noche con los que hay que luchar hasta el amanecer, cuando se irán, dejando una bendición con el luchador.

El Nuevo Pensamiento nos muestra que nuestro poder está dentro, que somos templos en los que habita el Espíritu Santo. Nos enseña que Dios no está separado de nosotros, sentado en las alturas; que no es una Deidad vengativa, que nos tiene bajo una maldición y frunce el ceño ante nuestras alegrías. Hemos dicho en el pasado que Dios es Amor, pero no hemos tenido una visión clara de ese Amor, de lo contrario no podríamos atribuirle crueldades que de ningún modo un padre humano amoroso podría infligir a sus hijos.

Ninguna mente puede estar en paz y ningún cuerpo puede estar sano cuando está dominado por un Dios de amor que prácticamente es un Dios de odio. Del mismo modo que una planta en crecimiento se esforzara por alcanzar la luz y el aire cuando está oprimida por un enorme bloque de piedra. El bloque debe ser levantado o volado en pedazos antes de que la lucha por la vida y el crecimiento sirva de algo para la planta.

El Nuevo Pensamiento está levantando este aplastante peso del alma humana, de ahí su gran beneficio y su poder curativo. Nadie puede estar realmente sano si está oprimido por el miedo, o si se cree débil en un mundo de gigantescas fuerzas antagónicas. Debe saber que él mismo es el Gigante y el Conquistador, debido al Dios dentro.

El Nuevo Pensamiento enseña que, ya que Dios es omnipresente, debe estar dentro del individuo, en continuo contacto con su alma, de hecho, uno con ella; uno en sustancia espiritual, así como el rayo de luz es uno con el sol, por eso es que muy ciertamente se ha dicho:

"Él está más cerca que tu aliento, más cerca que tus manos y tus pies".

Adentro y afuera, en todas partes, Dios y un Dios de amor, como la visión del poeta:

¡Oh! Los pajaritos cantaron al Este,
Los pajaritos cantaron al Oeste,
Y sonreí al pensar que la grandeza de Dios
Fluyó alrededor de nuestra incompletitud.
Alrededor de nuestra inquietud, su descanso.

CAPÍTULO 2

# EL PENSAMIENTO ES UNA FUERZA

La fuerza o energía que sustenta, sostiene y mueve el universo es silenciosa y está oculta. Solo la conocemos a través de sus expresiones, que son muchas, y el pensamiento es una de las más finas y poderosas de estas expresiones. Sin embargo, el pensamiento mismo, aunque es una expresión de la energía del mundo, no está suficientemente expresado (manifestado o exteriorizado) para que sea visible al ojo natural. Tiene forma, pero esa forma no es visible. No se ve ni se escucha hasta que se ha expresado o manifestado en la escritura, la imprenta o la palabra.

El hecho que tenemos ante nosotros es este: el pensamiento es una fuerza, incluso cuando no ha encontrado expresión en la escritura o la palabra hablada, y el pensamiento es un flujo de Dios o la Energía Infinita y Eterna. El pensamiento es la esencia de todas las cosas, es decir, todo ser vivo es un pensamiento encarnado, una forma de pensamiento revestida de materia. Se puede decir que las formas de pensamiento se revisten de materia.

Entonces, ¿pensaremos a la ligera sobre el pensamiento? ¿Será algo vaporoso e irreal para nosotros? No si tenemos una clara visión del mundo, porque entonces veremos el pensamiento como algo más real que esas cosas materiales que conocemos como casas, ropa, comida y bebida. Nosotros, que deseamos trabajar en la sustancia del pensamiento, debemos conocer algo de su naturaleza y sus posibilidades, así como el artista debe conocer algo sobre la mezcla de colores y su aplicación sobre el lienzo.

Si deseas manejar una locomotora debes familiarizarte con todas sus partes y aprender su relación entre sí. Debes practicar el funcionamiento de tu máquina hasta que seas un experto en su manejo, antes de estar preparado para sacar un tren sin accidentes.

Por el contrario, hemos intentado manejar una máquina humana de la cual sabíamos poco o nada, y naturalmente hemos tenido contratiempos que hemos llamado enfermedades, y nuestras máquinas han tenido que estar en el taller de reparaciones demasiado tiempo. Si el ingeniero maestro, la Mente Universal, ocasionalmente no nos hubiera dado una orden o un consejo, quizás no hubiera quedado nada de nuestras máquinas para llevar al taller.

La máquina humana es más complicada y difícil de entender que su hermano de hierro, pero es posible aprender todo sobre ella y mantenerla bajo perfecto control. Por supuesto, se necesita tiempo, estudio y perseverancia, pero es tiempo, estudio y perseverancia bien empleados. De hecho, no podría estar mejor empleado.

¿Existe algún estudio que pueda compararse con ello? Yo diría que no. De hecho, bien podría ser el primero de todos los estudios, porque sin salud, paz mental y la capacidad de dominar las circunstancias, ¿qué podemos lograr en cualquier dirección? Nuestros poderes no desarrollados son mayores de lo que podemos imaginar, y desarrollar esos poderes es el más alto ideal del Nuevo Pensamiento.

Somos como el hombre que desea hacer funcionar una locomotora y trata de adquirir los conocimientos necesarios para su trabajo. Debe experimentar, y nosotros también. Debe encontrar la fuerza motriz y aprender a utilizarla, y nosotros también. Debe ser capaz de aumentar esa fuerza motriz, y nosotros también.

Pero aquí termina la analogía, porque mientras el poder de una locomotora tiene un límite, la máquina humana no tiene límite.

Somos verdaderos gigantes cuando nuestros poderes salen a la superficie. Yacen dentro de nosotros como gérmenes de semillas que esperan el toque de vida, así como en la diminuta bellota se oculta el poderoso roble.

Una vez vi a un hombrecillo delgado y delicado, que había estado sin comer durante una semana, realizar una proeza que habría puesto a prueba a un Sansón. Lo habían puesto en un sueño hipnótico en un salón público y lo habían mantenido bajo la más estricta vigilancia durante los siete días de su ayuno. Al final de la semana fue colocado en una silla y sujetado en ella por seis fuertes policías. Entonces, el hombre que lo mantenía bajo control hipnótico dio una señal y la pequeña y frágil criatura se levantó de un salto y arrojó a esos fuertes hombres como si fueran insectos. ¿De dónde vino su fuerza? Ciertamente, no residía en sus flácidos músculos.

He visto muchas exhibiciones de este tipo, pero la que acabo de citar ocurrió en un pequeño pueblo, y con ciudadanos de buena reputación, entre ellos varios médicos, que atestiguaron su autenticidad, mientras que los policías que figuraban en la prueba eran los oficiales habituales del pueblo, por lo que había poca o ninguna posibilidad de fraude.

Cuando era miembro de la Sociedad para la Investigación Psíquica en Boston, vi a dos sujetos hipnotizados personificar a Bill Nye y a un orador político. El Dr. Pfeiffer era el operador hipnótico y simplemente le sugirió a uno que era Bill Nye y al otro que estaba en el estrado en beneficio de su candidato. Los discursos comenzaron y continuaron simultáneamente; nos resultó difícil seguir a cada orador, pero oímos lo suficiente para saber que el pseudo Bill Nye era irresistiblemente gracioso y muy original, y que su ingeniosa elocuencia fluía a raudales hasta el final de su largo discurso. El orador de la campaña era igual de bueno en su papel, y me pareció notable que cada uno sobresaliera en su propio estilo adoptado de oratoria. Ambos hombres, en su estado mental natural, eran muy corrientes, a una altura mediocre en su grado de inteligencia, sin embargo, cuando estaban bajo control hipnótico, cada uno sobresalía en su línea, diferenciándose diametralmente del otro.

El operador no pudo haber dado más que una mera sugerencia a cada uno, porque para haber dado a un orador su discurso palabra por palabra, tendría que haber sido un orador inusualmente hábil, mientras que haber dado los dos discursos simultáneamente habría sido una hazaña que solo podría haber realizado un adepto de las Indias Orientales.

Entonces, ¿cuál fue la inferencia? Cada orador debe haber tocado por sí mismo la fuente de su inspiración. De alguna manera inescrutable, la sugestión de que uno de ellos era Bill Nye debe haberlo puesto en contacto con la corriente de pensamiento de Bill Nye; debe haberlo tocado, por así decirlo, mientras que el orador de la campaña debió haber tocado la corriente de la oratoria de campaña.

Estos casos y muchos otros que han estado bajo mi observación me han llevado a pensar que bajo ciertas condiciones entramos en contacto con otras mentes, y también con un gran depósito de Vida y Mente que contiene todo lo que deseamos expresar en fuerza, vitalidad, salud, armonía, opulencia y belleza, e incluso más de lo que ahora podemos imaginar. Solo tenemos que abrir el canal y fluirá a través de nosotros.

Yo no aconsejaría abrir el canal por hipnotismo, porque eso llama un estado negativo perjudicial y trae muchos males en su cadena. Cito el hipnotismo con el propósito de ilustrar, pero no apoyo su uso.

Volviendo al símil de la locomotora. La vemos en la vía, algo inmóvil, sin vida, esperando el toque de la mano del maquinista. Abre el acelerador y se pone en marcha, una criatura llena de vida y fuerza. ¿Es un milagro? No, un hecho cotidiano, sin embargo, una cuestión de ley, una cuestión de ajuste, una cuestión de certeza científica.

El poder y la vida se liberan en nosotros de forma muy parecida, como una cuestión de ley, de ajuste, de certeza científica. La maquinaria humana es ciertamente complicada, pero no es imposible comprenderla y controlarla con mano maestra.

El maquinista utiliza el vapor o la electricidad para hacer funcionar su máquina. La máquina humana funciona con el pensamiento, y la cantidad de energía que se pone en ella está regulada por el carácter del pensamiento. Hay una corriente de pensamiento generada en la ilusión que es débil e ineficaz. Hay otra, basada en la Verdad, que es fuerte y suficiente. Como una persona piensa, así es ella. Si se cree fuerte, se convierte en tal, como le ocurrió al sujeto hipnotizado que se deshizo de los seis fuertes policías. El hipnotizador le sugirió la fuerza y se convirtió en un gigante. La sugestión abrió el camino a la Energía Universal, que fluyó a través de él y le hizo fuerte a pesar de su débil cuerpo.

La verdad es que la fuerza no está en los músculos, ni en los nervios, sino en la fuerza espiritual que los llena, de lo contrario, ¿cómo es que un músculo flácido puede hacer el trabajo de un Hércules? Además, ¿cómo fue que Jeffries perdió la pelea con Johnson? Su entrenador dijo que estaba físicamente en forma, pero empezó a dudar de su poder varios días antes de la pelea y por eso la perdió, porque, aunque realmente era un gigante, estaba atado con cadenas mentales de debilidad. Una vez más: como una persona piensa, así es ella.

Quizás creas que es degradar la fuerza espiritual, afirmar que da fuerza al luchador. Pero, ¿por qué no? Dios no hace acepción de personas. Él da de su poder a todos los que saben cómo obtenerlo. Hace llover sobre justos e injustos. Dios da energía, pero no estipula cómo debe usarse, porque el individuo tiene libre albedrío. Puede usar o abusar del Poder como mejor le parezca, por supuesto, tiene que cargar con el castigo si hace un mal uso del Poder. Eso forma parte de su educación en los misterios de la vida y en las leyes de su ser.

Volviendo al tema, el pensamiento es una fuerza, y lo que pienses de ti mismo, en eso te conviertes, porque el pensamiento no es solo una fuerza, sino una fuerza creativa. Si uno piensa persistentemente que tiene una enfermedad, la contrae; y al contrario, si ha contraído la enfermedad y se le puede hacer pensar con suficiente fuerza que está en perfecto estado de salud, se libra de la enfermedad. Dos sujetos en sueño hipnótico, uno con tos y el otro sin ella, pueden ser tratados de tal modo por sugestión, que cuando despiertan del sueño, el que tenía la tos está libre de ella, mientras que el otro sujeto la ha contraído. Este es un hecho singular pero lleno de significado, que te muestra cuán ilusorias son las enfermedades del cuerpo y por qué el Nuevo Pensamiento puede curarlas.

Puedes tener algún problema interno y pensar que es un cáncer. Si lo piensas persistentemente, resultará ser un cáncer, no importa lo que fuera originalmente. Por otra parte, puedes tener realmente un cáncer, pero si se te puede hacer creer con suficiente fuerza que no lo tienes, el cáncer desaparecerá.

Pero, ¿cómo puedes persuadirte de que no tienes un cáncer, cuando sabes por todos los indicios que si lo tienes? Ah, pero ¿lo tienes? Ese es el punto. Depende de lo que consideres que eres tú. Si tú eres tu cuerpo físico, entonces tienes cáncer. No discutiré ese hecho evidente. Lo que sí niego es que tú seas tu cuerpo físico y, en su lugar, declaro que eres una identidad espiritual sin nacimiento, ni muerte, que tiene el poder de ponerse y quitarse su envoltura física. En el curso de tu evolución has tenido muchas de estas envolturas físicas, vegetal, animal y, tal vez, humana. Una tras otra te has despojado de ellas, como el nautilo, dejando tu antigua concha en el agitado mar de la vida. Tu concha actual está cambiando constantemente, y si ahora tienes un cáncer, no es necesario que lo padezcas si adquieres suficiente control sobre tu cuerpo para expulsarlo.

Cuando digo "si adquieres suficiente control sobre tu cuerpo" sugiero que eres algo por encima y superior a tu cuerpo. De lo contrario, ¿cómo podrías controlarlo? Mientras pienses que eres tu cuerpo, o que tu cuerpo eres tú, no puedes establecer ninguna pretensión de superioridad o dominio sobre ninguno de sus estados o actividades. Cuando niegas que tienes un cáncer, estás hablando del Ser Real que eres tú, el ser que es la imagen de Dios o la exteriorización de Dios; porque una imagen es una exteriorización de una cosa. Este ser real no tiene cáncer ni ningún otro defecto o enfermedad. Al reconocer esto, tu pensamiento se exalta, adquiere un carácter positivo y controla fácilmente el cuerpo. Cuando el pensamiento es exaltado, aumenta en fuerza, porque contiene más de la Energía Divina. Entonces puede sanar tu cuerpo.

Lo que es cierto para la sanación de enfermedades de naturaleza física, también es cierto para la sanación de enfermedades de la mente. Toda preocupación, miedo, aprensión, pena, cansancio, problema mental de cualquier tipo, es una enfermedad de la mente y está sujeta al control del pensamiento divinamente energizado.

Puedo sentir dentro de mí que es verdad que el verdadero yo no es tocado ni herido profundamente por la pena, los problemas o la adversidad. Como dice Emerson:

"Cuánto opio se infunde en todo desastre; lo único que me ha enseñado el dolor es saber cuán superficial es".

Mientras pensaba en la mejor manera de explicar esta gran verdad a otras mentes, fui guiada por el Espíritu para leer un artículo de M. E. Carter en "The Humanitarian", una parte que decía lo siguiente:

"Hace algunos años, mientras estaba en Greenacre, vi un cuadro que me impresionó profundamente. Lo había pintado una idealista, una muchacha de solo diecinueve años. El cuadro representaba una hermosa cabeza, el rostro era perfecto en contorno y color; pero los ojos grandes y oscuros parecían mirar muy lejos, buscando con expresión hambrienta e insatisfecha algo aparentemente inalcanzable. El rostro era inexpresablemente triste con su belleza y seriedad. Cerca de esta cabeza, con una mejilla casi presionada contra ella, había otra cabeza, el rostro perfecto en serenidad y firme en su calma y paz. Ambas eran hermosas; pero una dejaba en el espectador una sensación de hambre y ansiedad, mientras que en la otra no había nada que desear. El cuadro se interpretaba a sí mismo a medida que uno lo miraba. Allí estaba, en un esquema gráfico, la historia tantas veces repetida del ser humano que aún no ha despertado a su Yo Divino: hambriento, ansioso, triste, anhelando, no se sabe qué; y todo el tiempo el Yo Divino, el Yo Real, el Ser Verdadero, muy cerca, esperando ser reconocido. Es este Ser Real de cada uno de nosotros con quien, tarde o temprano, debemos familiarizarnos, y cuya presencia debemos aprender a reconocer en cada momento de nuestras vidas a partir de entonces".

Te será de gran ayuda ver en tu mente los dos seres tan bien retratados. Uno inquieto, triste, insatisfecho, hambriento, ansioso y anhelante de no sabe qué; el otro perfecto en su serenidad, y firme en la calma y la paz. Y recuerda que el otro Ser, el Verdadero Ser, está muy, muy cerca de ti, casi tocándote.

Busca este Ser Real y lo encontrarás. Entonces tus problemas se desvanecerán en el aire y tus enfermedades se alejarán de ti como el viejo plumaje de un pájaro en época de muda. Logras esto con esa Fuerza llamada pensamiento, que es Energía Espiritual, expresándose en términos de Mente. Como dijo Emerson: "Cuando la Energía espiritual se dirige hacia el exterior, entonces es un pensamiento".

Ahí tienes el tema de este capítulo, con la autoridad de un poeta, filósofo e idealista que ocupa un lugar destacado en las enseñanzas del Nuevo Pensamiento. Créeme, el Verdadero Tú es un Ser Grandioso, tan glorioso como un ángel, tan radiante como el sol. Alguien lo ha llamado el Resplandeciente, un nombre hermoso y apropiado.

En tus horas de exaltación, cuando te sientes impulsado a grandes y maravillosos logros, y ninguna altura parece demasiado alta para escalar, es el Resplandeciente irradiando tu ser. Es entonces cuando realmente habla a través de ti y te impulsa a esforzarte. Pero pasa la hora y vuelves a caer en tu yo negativo y cotidiano. La oscuridad y la limitación te encierran mientras el Resplandeciente se oculta tras las nubes del entorno.

Pero, ya sabes, el sol natural a menudo es oscurecido por las nubes, sin embargo saldrá de nuevo, y aun cuando es oscurecido sigue brillando, aunque sus rayos no te alcancen. Anímate, porque tu Resplandeciente está cerca de ti, aunque oculto, y de seguro volverá a iluminar tu vida.

Hay un estado de conciencia que corresponde a la tierra en la sombra, y ese es tu estado actual, excepto por tus ocasionales vislumbres del Resplandeciente. Con el transcurso del tiempo, la iluminación será permanente. Entonces tú y el Resplandeciente se habrán unido.

Tu evolución consiste en aprender y aplicar las leyes del pensamiento que despejarán tu mente de nubes y tinieblas, debidas a las falsas creencias que descienden a ti desde tus antepasados y sus primitivos comienzos animales en el pasado lejano.

No me sorprende que el apóstol dijera: "Porque ahora vemos por un espejo, veladamente, pero entonces veremos cara a cara". Así profetizó la clara visión del mundo que verá las cosas como son, o cara a cara.

El pensamiento es la Fuerza que te curará de las enfermedades mentales y físicas y te traerá salud y paz.

CAPÍTULO 3

# LA MENTE SUBCONSCIENTE

Varios escritores utilizan el término "Subconsciente" de diferentes maneras. Para algunos, describe lo que yo llamaría el Superconsciente, o lo que Emerson llamó el Alma Suprema.

Eso no es lo que yo entiendo por subconsciente, pues lo empleo para designar un producto o resultado del consciente. Tomado en un sentido amplio y general, el subconsciente podría representar todo lo que no es consciente, pero considero que hace más comprensible el estudio de la mente y sus procesos si la dividimos y separamos sus funciones en superconsciente, consciente y subconsciente. El superconsciente representa ese vasto almacén del que extraemos nuestros pensamientos, y del que sabemos muy poco, el consciente representa lo que percibimos como la forma de actividad mental que reconocemos como mente humana, y el subconsciente representa los procesos mentales automáticos o hábitos, iniciados, en primera instancia, por la mente consciente.

En este capítulo hablaré de la mente subconsciente. Para comenzar, consideremos su función en el control de la acción involuntaria del cuerpo, como los latidos del corazón, la circulación de la sangre, la digestión, etc., de hecho, cualquier proceso que no sea puesto en marcha inmediatamente por la voluntad.

El acto de caminar es en gran parte subconsciente, pero la dirección en la que uno camina generalmente depende de la voluntad, aunque a menudo sucede que cuando uno va en la misma dirección diariamente los pies doblan en ciertas esquinas mientras la mente consciente está ocupada con otros temas de pensamiento.

La mente subconsciente es un conjunto de hábitos, y sus hábitos son de larga duración. El subconsciente contrae hábitos de enfermedad, es decir, una parte comienza a funcionar irregularmente y sigue moviéndose así, perturbando la armonía física general, hasta que algo sucede para corregirlo, o todas las otras partes se ajustan a la acción errática, comprometiéndose, por así decirlo, en aras de la paz temporal.

Es bien sabido que las diferentes partes del cuerpo cambiarán de posición para dar espacio a un órgano que está fuera de lugar, y aunque podrían hacer su trabajo mucho mejor en sus propios lugares, aun así, después de un poco de quejas (dolor), se ponen a trabajar en su nuevo alojamiento y siguen de forma bastante amistosa, aunque siempre hay un elemento de malestar. No estallan en un abierto disturbio, sino que hacen que el dueño del cuerpo en el que están instalados se sienta algo incómodo. Sabe que algo anda mal con los sirvientes de su casa, pero no descubre qué es.

Hemos discernido el hecho de que la economía física está regulada por la inteligencia, pero no hemos aprendido que esta inteligencia reguladora habita dentro del propio organismo. Ese es uno de los puntos más fuertes de nuestra filosofía curativa.

Hace mucho tiempo, en los inicios de la vida en este planeta, esa pequeña forma protoplásmica, la ameba, tuvo un deseo natural de alimento. Impulsada por este deseo, flotó aquí y allá, hasta que entró en contacto con el objeto de su deseo, cuando se plegó alrededor de ese objeto, absorbió de él lo que pudo asimilar y liberó el resto. A medida que pasaba el tiempo, su deseo se hacía más fuerte y creció su necesidad de alimentos más variados, de modo que, en lugar de dejar ir rápidamente a su presa, se aferraba a ella por más tiempo para extraer de ella más sustento. Esto dio lugar finalmente a una contracción asentada y permanente que convirtió la superficie plana de la ameba en una formación tubular, el primer núcleo de un estómago. Sin embargo, este estómago no podía digerir todo lo que había capturado y retenido, pues ahora, no renunciaba a su presa, entonces, el problema que se planteaba en la mente amebiana era cómo deshacerse de la materia no utilizable. No pensó el asunto como lo haríamos nosotros, sino que se puso a trabajar para formar conductos o canales que sirvieron como intestinos y riñones primitivos. Más tarde, para satisfacer sus crecientes necesidades, formó los ojos, el corazón, los pulmones y otros órganos.

Observemos que estos órganos deben su origen y crecimiento a la acción consciente de la criatura que los proyecta. No importa cuán baja sea la forma de vida, si tiene algún conocimiento de los objetos externos, ese conocimiento puede denominarse conciencia, ya que ser consciente significa simplemente saber. La palabra "consciente" viene del latín "conscius", de "con" y "scire", saber. La ameba era consciente porque sabía de la presencia de su presa, y sabía lo suficiente como para agarrarla. También tenía voluntad, porque deseaba atrapar a su presa.

Pero, a medida que sus deseos crecían rápidamente, abandonó el control consciente de las primeras actividades establecidas, porque podía hacerlo en virtud de la ley mecánica que convierte la actividad consciente en un hábito, que se vuelve automático, y prácticamente se conduce a sí mismo sin dirección o supervisión consciente. Si haces rodar una pelota, es empujada hacia delante por el impulso que le da tu mano, que es el agente de tu voluntad consciente, y la pelota sigue rodando hasta que se agota la fuerza que se le transmite. Por la misma ley, la acción mecánica puesta en marcha al principio en el cuerpo, por la voluntad consciente, continúa hasta que se agota la fuerza impartida.

De esta manera, nuestros cuerpos funcionan con la fuerza motriz que les fue dada por la voluntad consciente en el pasado. A medida que pasamos de la infancia a la vejez nos alejamos cada vez más de la fuerza impulsora original y finalmente nos agotamos, en la muerte, como lo haría un reloj al que hubiera que dar cuerda.

Pero, al igual que el reloj puede renovar su acción cuando recibe un nuevo impulso, el cuerpo humano puede hacer lo mismo y, al hacerlo, vencer la vejez y la muerte. Al dar cuerda al reloj para renovar su acción estás tratando con un objeto meramente mecánico. Al renovar el mecanismo corporal, estás tratando con tejidos vivos, animados por la mente y el espíritu; por lo tanto, en este último caso, tus herramientas deben ser de sustancia mental, porque no puedes regular una cosa mental con una herramienta de acero. No se puede ajustar la sustancia mental con un destornillador y un martillo. El cuerpo es realmente sustancia mental, solidificada en átomos y moléculas materiales.

Schopenhauer redujo este mundo a dos factores: Voluntad e Idea. La Voluntad representa la energía eterna y la Idea representa la forma que asume.

Yo creo que esto es cierto, y como el individuo es el microcosmos, o epítome, o edición microscópica del macrocosmos o universo, considero que la fuerza motriz del individuo está constituida por voluntad e idea. El pensamiento es la forma en que se resuelve la voluntad; por lo tanto, el pensamiento es una fuerza, y es la fuerza con la que ajustamos y regulamos los tejidos vivos del cuerpo.

Si mentalmente le dices a una persona enferma que está bien, no importa cuán enferma aparentemente pueda estar, la afirmación cae en su mente subconsciente, la cual toma la sugestión y actúa sobre ella, porque la mente subconsciente es una sustancia mental sensible y vibrante, y cuando es tocada por una palabra viva, se mueve de acuerdo con esa palabra.

Las palabras vivas son palabras de salud, palabras de éxito, palabras de buen ánimo, y la mente subconsciente responde a ellas estableciendo una mejor circulación, latidos cardíacos más estables, mejor acción muscular y nerviosa, mejor vista, mejor audición y mejor digestión.

Por otra parte, las palabras muertas, tales como: estoy enfermo, miserable, pobre, desafortunado y sin esperanza, tienen un efecto desastroso sobre la mente subconsciente, bajando el tono de todo el sistema y produciendo el efecto exactamente opuesto al de las palabras vivas.

No solo una vez en la historia del mundo la Palabra se hizo carne, sino que ocurre cada día, cada hora y a cada momento. La Palabra se hace carne continuamente, y feliz aquel que elige pronunciar la Palabra viva.

Si te dicen que estás bien cuando estás muy enfermo, te parecerá una afirmación infundada y falsa, pero no lo es. ¿Por qué? No es infundada ni falsa por la razón de que tu enfermedad se refiere a un estado físico pasajero que no pertenece a tu ser real. Si en un momento dado te veo furioso y, sin embargo, sé que en realidad eres una persona de temperamento tranquilo y dulce, ¿te declararé un bruto salvaje? Eso es lo que pareces ser en el momento de la observación, pero tomo en consideración que esta tormenta cerebral pasajera no te representa tal como yo sé que eres.

Asimismo, tu enfermedad corporal es un estado de ánimo pasajero del cuerpo, por lo que el sanador del Nuevo Pensamiento adopta una postura firme y declara que en realidad estás perfectamente bien, sano y completo. Esto es cierto de la sustancia espiritual que realmente eres tú.

Este tú espiritual es un Creador. Es una emanación del centro Divino de todo ser y trae consigo Poder Divino, Poder Creativo. Sus palabras son palabras vivas y se exteriorizan en una sustancia corporal hermosa y saludable.

Prueba el efecto que tienen en la mente subconsciente las palabras vigorosas, positivas y vivas. Cuando estés débil afirma que eres fuerte. Recuerda al sujeto hipnotizado, quien, a través de la sugestión, adquirió un poder tremendo, aunque sus músculos eran flácidos y su cuerpo débil. La única diferencia entre la sugestión hipnótica y la autosugestión es que en la primera la mente consciente del sujeto se vuelve inactiva y, por lo tanto, es incapaz de imponer sus dudas en la mente subconsciente, de modo que esta última, al no estar impedida por la duda, puede aceptar la sugestión y actuar en consecuencia sin obstáculos. En la autosugestión tendrás que luchar con la duda, por lo que tardarás más en obtener resultados, pero si persistes, finalmente expulsarás la duda y obtendrás así un canal claro para que el Poder Infinito fluya a través de ti desde el centro hasta la circunferencia.

Aunque estés abrumado por la pobreza, la enfermedad y el dolor, afirma lo contrario. Di con la mayor convicción que puedas: Yo soy rico, soy sano, soy feliz. Repítelo una y otra vez, día tras día, aunque todo conspire para desmentir tus palabras. Si lo haces fielmente, conseguirás que la mente subconsciente haga realidad tus palabras. Si echas bicarbonato de sodio en un ácido, corriges su acidez. Por una ley cierta e invariable puedes endulzar con afirmaciones los estados más agrios del cuerpo y del entorno.

Yo lo he comprobado en mi propia vida, y sabiendo lo que la autosugestión ha hecho por mí, te pido que veas lo que puede hacer por ti. Requiere un esfuerzo persistente, pero ese esfuerzo en sí mismo y al margen de los resultados es beneficioso. No tienes nada que perder en el intento. No arriesgas nada y tienes mucho, muchísimo que ganar.

Somos demasiado propensos a pensar en la mente consciente como la totalidad de la Mente, sin comprender que hay actividades mentales de las que no somos conscientes, pero la persona razonadora y filosófica, basándose en pruebas fehacientes, acepta mucho más en el mundo que la pequeña parte de él que queda bajo su observación inmediata. Cree en soles, estrellas, planetas y mundos que están más allá de su conocimiento. Tenemos igualmente buenas pruebas de la existencia de la mente que está más allá de nuestro conocimiento. Ciertamente, hay actividades mentales que se llevan a cabo sin la volición directa de la mente consciente y sin nuestro conocimiento.

Cuando eras un niño pequeño y estabas aprendiendo a caminar, tenías que mantenerte en equilibrio con mucho cuidado sobre un pie mientras levantabas el otro y dabas un paso adelante, perdiendo a menudo el equilibrio y cayéndote. Después de muchos intentos conseguiste mantener el equilibrio y entonces pudiste caminar; pero ni siquiera entonces pudiste correr ni saltar. Esos fueron esfuerzos posteriores. El primer intento de caminar te llevó gradualmente al logro posterior. Mientras tanto, el primer esfuerzo por mantener el equilibrio se había convertido en un hábito, en algo automático, que no requería cuidado y atención constantes.

Ahora puedes caminar y pensar en otra cosa todo el tiempo. Si cada día te diriges a tu lugar de trabajo o a algún otro destino por el mismo camino, al cabo de un tiempo no necesitarás pensar en tu rumbo, pues doblarás las esquinas inconscientemente, y finalmente llegarás a tu oficina u otro punto, sin saber apenas cómo llegaste a él. Tu caminar como simple actividad muscular fue subconsciente, y aquello que envió tus pasos en una dirección también fue subconsciente.

La vida se compone de estas actividades subconscientes. Sin ellas, los logros de un orden superior serían imposibles. Al principio aprendiste las letras con dificultad, luego las palabras de una sílaba, después las palabras más largas. Luego aprendiste las distintas partes de la oración: sustantivos, verbos, adverbios, adjetivos, pronombres, etc. Durante mucho tiempo, la lectura consistía en deletrear lentamente las palabras, pero hoy en día comprendes frases enteras de un vistazo. Ya no deletreas las palabras. Todo ese trabajo se hace subconscientemente y con la rapidez del rayo.

El profesor James de Harvard, en su "Psicología", afirmó que el arte sería imposible si no fuera por los procesos subconscientes. Puedes ver que esto es así porque si la mente siempre tuviera que ocuparse de cada detalle en el arte, que al principio toma con cuidado y precisión, nunca habría pinceladas libres y atrevidas. Todo sería restringido y laborioso como la escritura de un niño. El trazo libre proviene del cuidado que se da a los primeros detalles, que caen como un hábito en la mente subconsciente, y a partir de entonces son ejecutados por ella.

En mis primeros estudios de piano, era una alumna impaciente. No podía entender por qué me mantenían con escalas y arpegios, cuando pensaba que podía aprender a ejecutarlos igual de bien tomándolos tal y como ocurrían en una pieza musical. Mi maestro de música sabía más y me dijo: "Debes hacer de tu técnica un hábito, para que puedas ejecutar con rapidez, inconscientemente, pues más tarde tendrás otras cosas que considerar y no podrás pensar al mismo tiempo en la técnica en detalle". Algún tiempo después vi que esto era cierto, pero en ese momento no podía entenderlo.

La misma regla se aplica al estudio de la mejora de nuestro estado físico y mental. Debemos mantener ciertos pensamientos en la mente consciente día tras día, posiblemente mes tras mes, y en algunos casos incluso año tras año, hasta que se conviertan en una parte esencial de nosotros, hasta que caigan en la mente subconsciente y establezcan allí una actividad.

Si deseas estar sano y llevar contigo el aura magnética de la dulzura, la bondad y el poder, en otras palabras, si deseas ser un éxito radiante en vida, brillando con la alegría del logro, debes sostener en la mente los pensamientos que hacen posible tal logro, y debes continuar sosteniéndolos hasta que produzcan resultados. Un pensamiento fugaz tendrá poco o ningún efecto en traer los estados ideales que estás buscando, pero un pensamiento sostenido día tras día se convierte en una tremenda fuerza en tu vida. Si el pensamiento es verdadero y noble, la mente subconsciente se mueve a la medida de la verdad y la nobleza. Si el pensamiento es ladino y mezquino, el subconsciente se mueve a esa medida. Mientras se mueve, registra sus procesos en la mirada de tus ojos, en el giro de tu cabeza, en el tono de tu voz, en el movimiento de tu mano y en muchas otras formas de expresión. Tu yo interior, que crees que está oculto a la observación, se revela constantemente a los demás y atrae o repele su confianza y afecto, según el caso. La confianza y el afecto del mundo que te rodea son dos factores importantes para alcanzar el éxito. Si no eres querido y tu vida no es un éxito, observa tu vida interior y averigua qué es lo que está fallando. Sin duda, el problema está dentro de ti mismo y no en el mundo exterior.

    La mente subconsciente también está creando tus condiciones físicas a la medida de tu pensamiento. Lo hace tan silenciosamente, tan secretamente, que no tienes idea de su trabajo, que afecta a las condiciones de tu cuerpo.

    Comprenderás mejor cómo puedes ser inconsciente de la actividad del subconsciente, cuando notes que puedes seguir una larga cadena de pensamientos, y estar tan absorto en ella que no eres consciente de que estás pensando, y no lo serás hasta que "vuelvas en ti" al final de tu cadena de pensamientos. Tu mente ha estado trabajando intensamente todo el tiempo, pero no eras consciente de ello. Es cierto que la mente subconsciente sigue un curso muy activo sin que nos demos cuenta. También es de gran alcance y se extiende más allá de los límites de nuestro entorno inmediato. Se extiende y trabaja para nuestro bien o mal, de acuerdo con la naturaleza de nuestro pensamiento.

Nuestros mejores pensamientos y propósitos vienen de la mente superconsciente al consciente, y de ahí pasan al subconsciente en forma de hábitos de pensamiento. Pasan de la inmensa e ilimitada extensión del superconsciente al canal comparativamente pequeño del consciente, y de ahí a esa otra inmensa e ilimitada extensión del subconsciente, donde se convierten en factores vivos para nuestro bienestar o nuestra desdicha.

CAPÍTULO 4

# LA MENTE SUPERCONSCIENTE

Existe un vasto almacén del que extraemos nuestros pensamientos. Es grandioso y maravilloso, más allá de nuestra imaginación, y está abierto a cada uno de nosotros. Este almacén fue llamado por Emerson "El Alma Suprema" y tal vez no se le pueda dar un nombre mejor, pero para distinguirla de la mente consciente y subconsciente, la llamaré mente superconsciente.

Nadie sabe exactamente qué es la mente superconsciente, de hecho, sabemos muy poco de la mente consciente y subconsciente, pero estamos aprendiendo más a través de la observación y la experiencia, y creo que estamos cerca de un mayor conocimiento de la mente superconsciente. Consideramos que es el hogar de lo potencial o lo inexpresado, en lugar de lo real (actual) o expresado.

No intentaré definir qué es lo inexpresado, porque no puedo. Si pudiera definirlo, dejaría de ser lo inexpresado y se convertiría en lo expresado.

Todo lo que necesitamos saber es esto: ¿Existe una mente superconsciente? Si es así, ¿qué relación tenemos con ella? Si es un almacén, y podemos extraer de él, ¿qué podemos extraer y cómo podemos hacerlo?

Me viene un pensamiento a la mente. ¿De dónde viene? ¿De otra mente? Sí, es posible. Pero, ¿de dónde vino al principio? ¿Cómo llegó a esa otra mente, de la cual vino a la mía? Una moneda puede pasar de mano en mano en el curso de su circulación, pero originalmente vino de la casa de moneda. Más atrás, procedía de una mina, y aún más atrás, puede haber estado en forma de éter, así que, en primer lugar, no era una moneda en circulación. Me ha sido transmitida por otra mano, pero esa mano no la ha fabricado. Simplemente la ha transmitido. Nuestros pensamientos se transmiten de uno a otro, pero eso no explica su origen. ¿De dónde vienen al principio?

Vienen de la mente superconsciente. No sabemos cómo son antes de nacer en la mente consciente, y no importa. Lo que importa es que obtengamos los pensamientos y que sean los pensamientos correctos para lograr nuestra salud y felicidad.

Nosotros queremos algo que mueva la maquinaria de la mente y el cuerpo, que la haga avanzar alegremente, cantando, en lugar de crujir, rechinar y finalmente detenerse por completo. ¿Podemos conseguirlo? Sí.

Hemos llegado a un punto de la inteligencia en el que sabemos lo que queremos del almacén, pero dudamos en poder conseguirlo. La duda paraliza nuestro esfuerzo y no intentamos conseguir lo que queremos. Es más, no sabríamos cómo conseguirlo si tuviéramos valor para hacer el intento.

Cuando queremos algo en el mundo material, extendemos la mano para conseguirlo. Esto no podemos hacerlo en el mundo mental. Allí extendemos la mano mental de nuestro deseo. Llama y se te abrirá. El deseo es la mano que llama a la puerta del superconsciente, y la puerta se abre.

El pensamiento viene a la mente, pero parece que llega de forma imprevista. Sin embargo, no hace nada de eso. Su llegada está regulada por una ley. Cada pensamiento que viene a nosotros es atraído tan infaliblemente como un átomo químico es atraído a otro. Es atraído por la naturaleza de nuestro deseo y por su parentesco con los otros pensamientos presentes en la mente.

Si nuestro pensamiento está relacionado con el arte, entonces atraeremos lo que está relacionado con el arte. Si está relacionado con la música, entonces atraeremos lo que está relacionado con la música, y así sucesivamente. Cualquier cosa que elijamos hacer y en la que dejemos que nuestro pensamiento se detenga, a eso atraemos nuevas reservas del superconsciente, y así crecemos en nuestro esfuerzo, cualquiera que sea.

El antiguo pensamiento del mundo era que cada persona tenía una cierta cantidad de talento o genio conferido a ella, y no podía ir más allá de ese límite. El

Nuevo Pensamiento enseña que no existe tal avaro límite para el individuo; que está ante la puerta del suministro infinito.

Si deseas intensamente hacer cualquier cosa en el camino de un gran logro, debes saber que puedes hacerlo, sin importar tus inconvenientes o tu edad. Conozco a una modista que hace las más distinguidas creaciones en vestidos. Ella tiene ambas manos deformadas, por lo que no puede usar dedal, los dedos índice y medio de ambas manos tienen una sola articulación. Su deformidad la ha llevado de ser una costurera corriente al plano del arte, donde elabora hermosos diseños que sus subordinados llevan a la ejecución.

Conozco también a una mujer que, a la edad de cincuenta años, comenzó a estudiar pintura y a los sesenta se convirtió en una excelente artista. Como ves, obstáculos como la deformidad y la edad se desvanecen ante el decidido empeño por realizar los deseos.

Si tu deseo es sanar a los enfermos, eso demuestra que en tu interior está oculto el poder para hacerlo. Abre tu mente al superconsciente, dejando que el pensamiento que está relacionado con tu deseo fluya hacia tu mente, y desarrollarás el poder de sanar.

En todo momento estamos abiertos al superconsciente, pero podemos aumentar nuestra receptividad deseando ser receptivos. También podemos excluir de nuestra mente todo lo que sea extraño o ajeno a nuestro propósito, como se quitan las malezas de un jardín.

El pensamiento sanador desciende del superconsciente, de ahí las hermosas palabras de Carpenter:

He aquí, el poder curativo descendiendo desde el interior, calmando el cerebro enfurecido y esparciendo paz entre los afligidos nervios.

Si estás sufriendo dolor, ya sea mental o corporal, repite estas líneas y desea intensamente que descienda el poder curativo. Luego espera y confía plenamente en que lo hará. Cuando llegue, se sentirá como una lluvia fina y refrescante que cae suavemente sobre tu cerebro acalorado, mientras pequeños riachuelos de paz recorren los nervios que sufren y calman su dolor. Esto lo sé por experiencia real y repetida. Solo tienes que comprobarlo por ti mismo.

El superconsciente es el reino de lo Divino. Entonces, si realmente es la fuente de todo pensamiento, ¿cómo es posible que los pensamientos de preocupación, de odio, de deshonestidad e incluso de asesinato lleguen a nosotros desde esa fuente? No lo hacen. Cuando una moneda nueva y brillante proviene de la casa de moneda, es muy diferente de la misma moneda después de haber estado mucho tiempo en circulación y haberse desgastado y empañado.

Pero la analogía es imperfecta y no seguiré con ella. Ninguna ilustración material puede transmitirte lo que significa abrir la mente al influjo del superconsciente. Significa frescura, riqueza y plenitud de pensamiento. Significa un torrente de nuevos propósitos y una gran marea de vigor. Significa todo lo bueno y agradable, amigos míos.

No puedes permanecer enfermo si eres así renovado y regenerado. No puedes seguir siendo pobre si estás abierto al flujo de la opulencia. No puedes permanecer infeliz si recibes la afluencia del amor y la alegría. Concentra todo tu poder en el único esfuerzo de atraer de esta fuente de suministro. Reza si quieres. ¿Por qué no? La oración es "el sincero deseo del alma, expresado o no expresado".

Tú solo deseas el bien. Si deseas algo menos, es solo un error de tu creciente inteligencia, el cual pronto será corregido. Solo deseas el bien y eso existe para ti en el superconsciente, esperando tu llamada. ¿Cómo puedes considerarte enfermo y miserable con todos los tesoros más ricos de la vida a tu puerta?

El Nuevo Pensamiento te ayuda porque no trata con el antiguo pensamiento trillado de épocas pasadas, que es como una moneda vieja, usada durante mucho tiempo y tan gastada que casi no tiene valor. Te entrega una moneda fresca de la casa de moneda, mostrándote una nueva verdad porque, aunque la verdad es tan antigua como las colinas, y aún más antigua, ahora hay una nueva presentación de ella. Te habla de leyes hasta ahora no descubiertas, mediante las cuales puedes mejorar e idealizar tu vida en todos los aspectos. Te muestra cómo aplicar esas leyes y demostrar los resultados de su aplicación cada día. Te da una visión clara del mundo y te muestra que tienes todo por lo que vivir. Está demostrando que la vejez y la muerte son espectros de falsas creencias, sin la menor realidad. Está eliminando, uno a uno, todos los fantasmas de la vida que han llenado tu alma de terror y han congelado la sangre de tus venas. Te está demostrando que tienes un ilimitado poder de logro. Está haciendo todo esto y más.

El Nuevo Pensamiento está abriendo de par en par la puerta que conduce al superconsciente, para que puedan entrar todos los que lo deseen.

Entonces, no te acuestes en el portal como un mendigo y lloriquees. Levántate y vístete de púrpura y lino fino, porque todos quienes entran en el Reino del superconsciente son príncipes.

CAPÍTULO 5

# CÓMO SANARTE A TI MISMO Y A LOS DEMÁS

En mi búsqueda del secreto de la sanación del Nuevo Pensamiento, estudié la curación por la fe, la sugestión mental, el hipnotismo, la sanación cristiana, ciencia divina y ciencia cristiana. Todas me parecieron buenas y útiles, con excepción del hipnotismo, que considero perjudicial, pero no logré encontrar lo que buscaba, y la puerta al superconsciente solo quedó entreabierta, no abierta de par en par. Entonces me volví hacia la Teosofía, no por su valor terapéutico, sino por su exposición de las leyes ocultas. Así aprendí mucho sobre la movilidad de la materia y su obediencia al Espíritu. Durante este tiempo de estudio me sentí como un germen embrionario, ciego y buscando a tientas el sustento, siempre en busca de algo, pero con los ojos vendados, por lo que no podía ver ni captar lo que buscaba. Más tarde, al recordar esta experiencia, pude ver que había ido creciendo y avanzando hacia la luz.

Finalmente, llegó una iluminación en la que vi toda la sustancia espiritual como una e indivisible, a partir de la cual argumenté que yo debía ser una con esta sustancia espiritual indivisible o, de lo contrario, no podía ser nada.

Emerson dijo: "Cuando la energía espiritual se dirige hacia el exterior, entonces es un pensamiento" esta es una declaración que yo acepté, por lo tanto, puesto que yo podía pensar, debía ser de sustancia espiritual, poseer energía espiritual.

Luego, me volví a Spinoza y leí: "Si Dios es sustancia infinita, no puede haber sustancia fuera de Dios, por lo tanto, el hombre es no sustancia, o es Dios". Esto corroboró mi pensamiento en cuanto a la unicidad de la sustancia. Según Spinoza, la sustancia no es un material aparte o distinto de Dios, el cual manipula en la formación de mundos. En cambio, enseña: "La expansión es un atributo de Dios, o Dios es una cosa expandida".

Si Dios, o la sustancia, es una cosa expandida, entonces ningún punto de expansión puede ser otro que la sustancia inteligente, pues la sustancia no inteligente no podría ser la sustancia de Dios.

Si Dios crea por la expansión de sí mismo, entonces el ser humano es formado por el empuje de la sustancia de Dios hacia el exterior, por lo tanto, el ser humano es no sustancia o es sustancia de Dios. Pero, aunque el ser humano está formado por la expansión de la sustancia, también está formado por la limitación de la sustancia, pues si no estuviera limitado no tendría forma. Dios es ilimitado en extensión y también limitado en extensión. Esto suena contradictorio, pero es como si la Sustancia

Infinita e Ilimitada debiera establecer dentro de sí misma límites. En efecto, la concepción misma de la extensión infinita implica límites infinitos; porque cuando la mente intenta pensar en la extensión infinitamente extendida, se extiende en el espacio, hasta que se ve obligada a establecer un límite; pero con la misma seguridad se ve obligada a mirar más allá de ese límite, solo para establecer otro, y así sucesivamente a través del infinito. Por tanto, las limitaciones del ser humano no prueban que no sea de la sustancia de Dios, sino que lo es, pues la sustancia de Dios establece límites en sí mismo, pero son límites como el horizonte, que se desvanece a medida que avanzamos hacia él. Así se desvanecen las limitaciones humanas ante el avance del alma intrépida y aventurera.

Luego, me volví hacia la naturaleza y vi que todas las cosas vivas y en crecimiento se desplegaban desde un centro. Vi que la vida siempre empujaba desde un centro hacia una circunferencia, finalmente, vino a mí como una especie de revelación, que Dios está en el centro del ser, y desde ese centro está continuamente extendiendo su sustancia en la creación como el sol se extiende en su rayo. Vi que Dios es el alma viviente de la creación, presente en todas partes y, sin embargo, concentrándose en vibraciones dinámicas en el centro de cada semilla y en el centro del alma de cada ser humano.

Entonces, por primera vez, tuve una explicación satisfactoria de la manera en que Dios actúa en nuestras actividades, y comprendí por qué Fénelon dijo:

Todo lo que existe, existe solo por la comunicación del Ser Infinito de Dios; todo lo que tiene inteligencia, la tiene solo por derivación de su soberana Razón, y todo lo que actúa, actúa únicamente por el impulso de su actividad suprema. Él es quien hace todo en todo; él es el latido de nuestro corazón en cada instante de nuestra vida, el movimiento de nuestras extremidades, la luz de nuestros ojos, la inteligencia de nuestro espíritu, el Alma de nuestra alma.

Esa es exactamente mi concepción de Dios. Yo creo que él está en los latidos de nuestro corazón, en el movimiento de nuestras extremidades, en la luz de nuestros ojos y en la inteligencia de nuestro espíritu, y que él es el Alma de nuestra alma.

Esto sitúa a Dios en el interior, ¿no es así? No obstante, por ser inmanente, Dios es trascendente. Él es la gran Presencia espiritual viviente dentro de cada uno de nosotros, y al mismo tiempo es omnipresente. La electricidad puede estar por todas partes en la atmósfera y, sin embargo, concentrarse en ciertos lugares. Esto puede parecer una ilustración irreverente para aplicarla a Dios, pero ningún hecho natural puede ser irreverente, ya que Dios abarca toda la Naturaleza.

Para sanarte a ti mismo o a otros debes tener una concepción correcta de Dios y de ti mismo, de lo contrario no inducirás el flujo de la corriente curativa, o, debería decir, aumentarás su flujo, porque hay un poder natural en todos los organismos que trabaja para su mejora. Se llama Vis Medicatrix Naturae, y a menudo sana a los enfermos sin la ayuda de medicamentos u otros remedios. Sin embargo, en muchos casos necesita ayuda, y nada ayuda tan eficazmente como el refuerzo mental y espiritual, porque es un poder inteligente y acepta la sugestión. Puede ser intensificada por la afirmación o la sugestión de lo que debe hacer por el organismo.

Ya que el pensamiento es una fuerza, o como lo llama Emerson, "energía espiritual dirigida hacia el exterior", la palabra sanadora es poderosa con vibraciones espirituales. El poder de la palabra es grande o pequeño, según el estado de la mente que la proyecta. Comparativamente, hay "palabras muertas" y hay "palabras vivas". Todo depende de la cantidad de Espíritu que haya en ellas.

Por lo tanto, pronunciar la Palabra no tiene más valor que una brisa pasajera, a menos que esa Palabra esté viva con energía espiritual, y la manera de llenarla de energía espiritual es producir primero dentro de ti el estado mental que llama a la corriente espiritual desde tu centro en Dios.

Puedes hacerlo gracias a la naturaleza misma de la mente, ya que por naturaleza es formativa, es decir, forma receptáculos que el Espíritu llena de vida. Estos receptáculos se llaman Formas de Pensamiento.

Para ilustrarlo: supongamos que ante ti hay un manantial de agua del que quieres beber. Para ello, debes tener un recipiente que recoja el agua y te la lleve a la boca. Con una hoja o con las manos formas el recipiente que necesitas, ya que debes tener algo para poder utilizar el agua. También puedes agacharte y acercar la boca a la corriente, en cuyo caso tu boca se convierte en el recipiente.

La mente no moldea tan mecánicamente sus Formas de Pensamiento para recibir el Espíritu, pero sí moldea formas reales, y esas formas son pensamientos que son imágenes o cuadros de la Verdad, y cuanto más profundas, amplias y espaciosas son esas Formas de Pensamiento, más Espíritu contienen.

Por lo tanto, necesitas examinar tu mente para ver cuáles son realmente tus pensamientos. Es decir, debes ver lo que piensas respecto a Dios, respecto a ti mismo y respecto al mundo en general. Si tus pensamientos están moldeados de acuerdo con la realidad, o lo que realmente es, entonces tienes buenas formas mentales para la recepción del Espíritu. De lo contrario, no las tienes.

Cuando hablo de la recepción del Espíritu no quiero decir que el Espíritu sea algo separado y aparte de ti. El Espíritu está en el centro del ser, y a medida que fluye hacia el exterior te produce a TI, primero en tu yo interior y luego en tu yo exterior. Este yo exterior es una parte externa de tu mente, y es esto lo que es formativo. Es lo que moldea los pensamientos para la recepción del Espíritu.

Permíteme ilustrarlo más detalladamente: supongamos que una sustancia líquida y plástica se solidificara en sus límites, formando así celdas o recipientes en los que la parte líquida de la sustancia siguiera fluyendo. Esto describiría, tan bien como podría hacerlo cualquier término material, tu unidad real con el Espíritu, pero tu aparente separación de él. En el centro está el Espíritu, líquido, plástico, fluyendo, por así decirlo, aunque esto no lo define realmente, y a medida que fluye hacia la circunferencia de tu mente y cuerpo, se solidifica en forma, haciendo así receptáculos en los que fluir, convirtiéndose primero en formas de pensamiento, y luego, en células corporales. En sí mismo, el Espíritu no tiene forma, pero desarrolla formas a partir de sí mismo en las que sostenerse. Construye formas como la araña teje su tela con su propia sustancia y luego habita en la tela, hecha de sí misma. El agua es una con el hielo que se forma en la superficie, y así es tu mente, con sus formas de pensamiento, una con el Espíritu. Tu cuerpo, con sus tejidos de células, siendo un resultado de tu mente, es también uno con el Espíritu.

No puedes pensar en absoluto sin crear algún tipo de forma de pensamiento, y esa forma de pensamiento es receptiva o no receptiva al Espíritu. Si todas tus formas de pensamiento fueran receptivas, siempre tendrías pensamientos vivos y estarías lleno de salud, alegría y todas las cosas buenas que provienen del Espíritu. Tu evolución consiste en crear conscientemente nuevas y mejores formas de pensamiento. Si hubieras comenzado en la vida con las creencias correctas, habrías sido un autómata en lugar de una criatura viva y en crecimiento, así que no deplores tus creencias erróneas, sino que alegremente proponte corregirlas, revisarlas y remodelarlas.

En gran medida, el proceso del pensamiento es una imagen mental. Lo que piensas lo imaginas mentalmente, y lo que imaginas mentalmente es la forma que asume tu pensamiento, porque, como he dicho antes, la mente es formativa. Siempre está creando Formas de Pensamiento que el Espíritu llena de vida, de acuerdo con la naturaleza y la capacidad de esas Formas de Pensamiento.

Si sostienes una imagen mental de Dios como una gran persona o un gran tipo de hombre, sentado en un trono, en alguna región remota, por encima de las nubes, no estás pensando de acuerdo con la Verdad, de acuerdo con lo que Dios es realmente. Por lo tanto, tu forma de pensamiento es una forma muerta y no un receptáculo adecuado para el Espíritu.

Se prueba que esta concepción de Dios es falsa por "reducción al absurdo", porque si Dios está por encima de tu cabeza debe estar bajo los pies de la gente del otro lado del globo. Yo asumo que has superado esta concepción infantil de Dios, formada cuando la raza humana estaba en su infancia y sabía tan poco de ciencia como para suponer que esta tierra era una superficie plana, en lugar de una esfera. Por otra parte, la tendencia natural de la mente es mirar hacia arriba, hacia aquello que venera, de ahí la concepción de un Dios por encima de las nubes.

Pero, aunque te hayas librado en cierta medida de esta concepción, la sensación de separación de Dios aún permanece contigo, como un último vestigio de una creencia errónea de la raza, algo así como el apéndice vermiforme permanece en el cuerpo, aunque ya superado en cuanto a su uso, y a menudo agresivo y dañino.

Para deshacerte de este vestigio de falsa creencia debes imaginarte a Dios como una sustancia Espiritual, omnipresente, sin forma, y ver esta sustancia tomando forma y empujando hacia fuera desde un centro oculto hacia el mundo exterior, incluyéndote a ti mismo. Luego, piensa en este espíritu que fluye como alimentándote con Vida, Amor, Energía e Inteligencia. Continuamente, tu mente y tu cuerpo están recibiendo esta corriente viva. La corriente de vida fluye a través de ti, en cierta medida, sin tu cooperación consciente, de lo contrario, no podrías vivir ni un instante, porque se cortaría tu suministro de vida. Cooperando conscientemente aumentas el flujo del Espíritu y recibes vida más abundante.

La causa de nuestra debilidad, enfermedad, vejez y muerte es la falta de un flujo más pleno de esta corriente de vida, cerrada parcialmente por nuestras falsas creencias o formas de pensamiento muertas. Tener la idea verdadera de Dios y de nosotros mismos es abrir más ampliamente el canal a través del cual fluye el Espíritu, y recibir una corriente más plena de Vida renovadora para contrarrestar la tendencia material del cuerpo hacia la desintegración y la muerte.

Si al tratarte a ti mismo o a los demás, no hicieras nada más que mantener la verdadera concepción de la unidad del individuo con Dios, se lograría la sanación. Pero la mente se cansa de sostener una idea durante mucho tiempo sin cambiar, y como se cansa, no logra sostener el pensamiento con claridad y fuerza suficientes para producir el efecto deseado. Por esta razón, es necesario añadir a la idea fundamental de la unidad otras ideas basadas en ella y en armonía con ella.

Por ejemplo, después de haber imaginado que el Espíritu fluye desde el Centro hacia el exterior a través de ti, dirígelo con el pensamiento o imagínalo dirigiéndose a la parte de la mente o del cuerpo que esté débil o enferma. Si alguna función o facultad parece estar fallando, entonces imagina al Espíritu fluyendo hacia esa función o facultad y vitalizándola.

Los bultos en cualquier parte del cuerpo se deben a una falta de actividad o funcionamiento adecuados. Cuando alguna función vital se vuelve inerte o se trastorna, de modo que deja de cumplir su función, la materia deteriorada no es expulsada del sistema, como debería ser, entonces la circulación se entorpece aquí y allá, y los puntos de restricción se convierten en lugares de detención por partículas de tejido descompuesto en la sangre. Sabes lo que sucedería si una corriente de agua se detuviera en su curso. El agua se estancaría y se produciría una precipitación de cualquier sedimento que contuviera la corriente. Entonces, si la corriente buscara salida y se desviara para conseguirla, el sedimento permanecería donde fue depositado, porque el movimiento del desvío de la corriente sería forzoso, lento y sin fuerza suficiente para expulsar el depósito. Los cirujanos utilizan muchos términos técnicos para describir el origen de los tumores y las neoplasias malignas, pero cuando se expresan en un lenguaje sencillo equivalen a lo que acabo de exponer.

Al tratar un bulto o congestión, imagina la corriente del Espíritu actuando sobre él y dispersándolo. Mantén también el pensamiento: se está desvaneciendo. Dilo

## Sanación del Nuevo Pensamiento Simplificada

muchas veces al día y cuando te duermas por la noche. Mantén esta afirmación día tras día y noche tras noche. El mismo tratamiento se aplica al bocio.

En el caso de la diabetes, imagina al Espíritu como un fuego eléctrico vivo, como el que se les apareció a los apóstoles. Observa este fuego recorriendo los riñones y la vejiga y quemando el azúcar en la orina. Conozco el caso de un anciano que había padecido durante mucho tiempo diabetes y que se curó con este tratamiento en un mes. Al examinar la orina no se encontró ni rastro de azúcar y nunca más volvió a aparecer. También tengo pruebas de un caso de problemas renales, de cuarenta años de duración, que se curó en unos meses con este tratamiento. El mismo método destruye el ácido úrico que causa el reumatismo.

Si hay debilidad en la vista o en la audición, un tratamiento simple, fácil y muy efectivo es imaginar al Espíritu fluyendo hacia los ojos o los oídos y revitalizándolos.

Los tratamientos son como las invenciones. Lo que queremos en ellos es la ausencia de detalles superfluos, sencillez y adaptación a un fin. En estos días en que estamos aprendiendo a economizar movimiento, también debemos aprender a economizar palabras. El Espíritu no oye por "hablar mucho". Actúa ante la más mínima sugerencia.

A veces me preguntan si la "Palabra de Sanación" es alguna palabra especial. No lo es. Es cualquier declaración de salud y bienestar. Si formulas las palabras a tu manera, serán tan eficaces como la frase o la fórmula proporcionada por un maestro. Está bien aceptar y utilizar dicha fórmula hasta que seas capaz de formular una propia, pero no más. Cuanto antes una fórmula establecida tome una nueva forma en tu propia mente, mayor será su poder vibratorio y más Espíritu invocará.

También me preguntan si la Palabra debe ser pronunciada en voz alta para que sea la palabra hablada. No es necesario, porque formular un pensamiento en la mente equivale a hablarlo, y una palabra pronunciada "En el Silencio" ciertamente no es la palabra audible.

Hay ocultistas que sostienen que la palabra audible suscita vibraciones que no son posibles para la palabra interior o pensada, pero no puedo dar testimonio de la verdad de eso, ya que nunca he experimentado con la palabra audible, la palabra silenciosa ha sido suficiente para mi propósito y maravillosamente poderosa.

Afirmar mentalmente que el Espíritu puede renovar cualquier función de la mente o del cuerpo es pronunciar la Palabra que se hará carne o, en otras palabras, se exteriorizará en la mente, el cuerpo y el entorno.

Aquello que crea cualquier función puede recrearla o repararla. El cirujano inglés, sir William Gull, deja constancia con estas palabras:

¿Qué harán los médicos? Descansar y quedarse quietos. Aquel que fabricó la máquina puede repararla.

Una máquina material a veces se vuelve irreparable porque está hecha de materia que se desgasta, pero ese no es el caso de la máquina humana, porque está hecha de tejido vivo que, según el Dr. Carrel del Instituto Rockefeller, nunca se desgasta si se alimenta y se limpia adecuadamente, haciéndose más fuerte en vez de más débil a medida que envejece. El Dr. Carrel declara que la célula animal es inmortal debido a su poder de renovarse a sí misma, y nosotros, los del Nuevo Pensamiento, creemos que el Espíritu puede aumentar enormemente ese poder.

Dios es el obrero Divino que construyó la máquina humana y puede repararla y renovarla, porque con el poder del Espíritu todo lo que se puede imaginar es posible.

Por lo tanto, mantén ante tu mente este pensamiento: Dios, que me hizo, también puede rehacerme.

Cuando creas plenamente que Dios puede rehacerte y lo hará, tendrás una forma de pensamiento receptiva a la corriente renovadora y recreadora de la Vida, y el efecto pronto será evidente tanto en la mente como en el cuerpo.

Las enfermedades corporales suelen atribuirse a un exceso de materia muerta en el sistema, al tener la mente obstruida con pensamientos muertos, lo que provoca su correspondencia en el cuerpo. A menudo, los niños heredan este estado del pensamiento de algún antepasado que les ha transmitido el estado mental enfermo causante de la enfermedad física. Tal herencia puede ser anulada por la acción del Nuevo Pensamiento sobre el enfermo. En tal caso, hay que imaginarse la corriente del Espíritu fluyendo a través del cuerpo enfermo, limpiándolo de todos los átomos inútiles y muertos.

En el tratamiento de las facultades mentales, como la memoria, por ejemplo, ya que no puedes formarte una imagen de ella, tendrás que designarla por su nombre, o puedes decir: "Ahora imagino al Espíritu fluyendo hacia esa facultad y vitalizándola para que pueda hacer un trabajo perfecto".

En la parálisis de la mente o del cuerpo, piensa en el espíritu con fuerza en las partes paralizadas, dando vida donde ahora hay muerte.

La tuberculosis, esa temible enfermedad, y otras, cualquiera que sea su naturaleza, exigen el mismo tratamiento que he descrito en los pocos casos dados. Por supuesto, los detalles específicos varían según el caso, pero el sanador del Nuevo Pensamiento debe poseer suficiente inteligencia para aplicar el principio en diversas formas a diversos casos. El método es siempre el mismo, muy simple, directo al grano y expresado con el menor número de palabras posible.

Si te encuentras incapaz de alcanzar tus ideales en cualquier línea de esfuerzo, significa que tu mente necesita un mayor flujo del Espíritu. Forma una imagen en tu mente de lo que deseas hacer, o decláralo en palabras, y luego mantén el pensamiento de que el Espíritu está fluyendo en la dirección de tu deseo.

El Espíritu no solo es vida, sino todo lo que constituye la vida, de modo que contiene la esencia misma del arte, la música, la literatura, la filosofía, la invención, la mecánica, la manufactura, el comercio, la metafísica o cualquiera de las innumerables formas de actividad humana. Puedes tomar lo que quieras de la corriente de la vida, del mismo modo que un árbol en la orilla de un río puede absorber a través de sus raíces los químicos del agua que le permiten crecer y ramificarse. De igual manera, tu capacidad crece y se ramifica a través de lo que recibes de la corriente de la Vida.

No te pongas tenso ni ansioso tratando de ayudarte a ti mismo o a los demás, porque eso tiende a apretar el canal y restringir el flujo de Vida. Cuanto más reconozcas que el inagotable poder de Dios es tuyo, debido a tu unidad con la sustancia de Dios, más verás que no tienes nada que temer o por lo que estar ansioso. Ni siquiera debes temer tener la imagen mental equivocada al dar los tratamientos, porque debido a que deseas fervientemente la imagen correcta, el poder infinito, trabajando a través de ti, te ayudará a formarla. La imagen equivocada de hoy cambiará sus contornos y se convertirá en la imagen correcta de mañana. No puedes equivocarte mucho si tienes en mente la imagen del sol y su rayo, o el océano y su bahía, como símbolo de tu unidad con Dios.

Puedes usar la siguiente declaración de unidad y te resultará útil:

> En mi lado interno o espiritual, yo estoy abierto al inagotable océano del Poder Divino. Yo fluyo desde él y soy uno con él, como una bahía es una con el océano, o como un rayo de luz es uno con el sol.

Al tratar a los demás, comienza como lo harías contigo mismo, con un reconocimiento de tu unidad en sustancia con Dios, porque a través de esta comprensión vendrá tu poder. A continuación, sustituye a esta otra persona por ti mismo, llamando mentalmente su nombre, porque esto asegura la atención de la mente subconsciente, a la que debe ser dada tu sugestión.

Mentalmente, dile al paciente que es uno en esencia con Dios y que la corriente curativa está esperando su llamada para fluir a través de él y llevarle a la salud perfecta. Luego imagina que la corriente curativa fluye a través del paciente desde su centro en Dios. Después, imagina que la corriente va especialmente al punto enfermo y actúa sobre él, de acuerdo con la naturaleza de la enfermedad. Si se trata de fiebre, imagínala como un torrente refrescante. Si se trata de una gran debilidad, con frialdad de las partes, imagina la corriente como entibiando y vivificando.

Llénate de amorosa simpatía por tu paciente, porque el amor es la vibración curativa más elevada.

El paciente no necesita estar en tu presencia, porque el pensamiento recorre cualquier distancia. Realmente no hay separación en el reino omnipresente de la mente y el Espíritu. Conozco casos de curación en los que el sanador y el paciente estaban separados por miles de kilómetros. Conozco otros casos en los que un paciente escribió a un sanador y antes de que la carta llegara a su destino el paciente estaba curado, en cuyo caso la apelación del paciente tocó instantáneamente la mente subconsciente del sanador y produjo una respuesta inmediata. En un caso como este hay una fuerte vibración simpática y similitud de pensamiento entre el sanador y el paciente, de modo que la apelación y la respuesta no requieren el medio de la comunicación corriente.

## Sanación del Nuevo Pensamiento Simplificada

El proceso de dar tratamientos a uno mismo o a otros es bastante sencillo. La dificultad no radica en el tratamiento en sí, sino en el entrenamiento previo de la mente al estado de poder necesario, mediante la eliminación de falsas creencias y el establecimiento de creencias verdaderas.

Un sanador hábil y eficiente puede administrar un tratamiento en diez o quince minutos. Cuando se necesita más tiempo es porque la mente no ha sido capaz de concentrarse en el pensamiento curativo. A veces, a un principiante le lleva una hora o más ponerse en condiciones de dar un tratamiento.

Entrar en el silencio no significa desterrar todo pensamiento de la mente, porque eso es imposible. Mirar fijamente un punto en la pared e intentar la vacuidad total de la mente provoca autohipnotismo, o se reduce a la idiotez. Entrar en el silencio significa liberar la mente de ciertos pensamientos relacionados con preocupaciones, inquietudes, ansiedades y todas las falsas creencias de esa naturaleza. No obstante, no debes dejar su lugar vacío o, como el espíritu inmundo registrado en Mateo 12: 44-45, "regresará trayendo consigo siete espíritus inmundos, y el último estado será peor que el primero". Cuando barres y adornas tu mente no debes dejarla vacía de ocupantes, sino llenarla en seguida con pensamientos de verdad, no sea que vuelvan los espíritus inmundos. En el silencio, tu pensamiento debe morar en tu ser eterno inmortal (el Resplandeciente) y su unidad con Dios. Esto es estar en el silencio, aquietar la agitación de la vida mortal y estar a solas con Dios. La vida mortal exterior implica actividad, ruido y bullicio; de ahí que la vida del ser interior, a solas con Dios, es llamada "En el Silencio".

En el silencio, la mente se eleva a ese plano superior en el que ve al individuo tan libre de enfermedades e inmortal como Dios mismo, porque el ser humano, al ser de la sustancia Divina, tiene los atributos de esa sustancia.

Solamente desde este elevado punto de vista de realización espiritual se puede curar la mente enferma o el cuerpo enfermo, y de hecho las enfermedades de la mente son tantas y tan graves como las del cuerpo.

Las falsas creencias tienen el poder que les confieren la herencia y el hábito, pero pueden ser desechadas por el poder del Espíritu. La verdad nos hará libres.

No te desanimes si no obtienes resultados inmediatos de tus tratamientos. A veces los resultados se demoran mucho, pero finalmente llegan si eres fiel y persistente. Piensa en Jacob, que luchó toda la noche con Dios y por la mañana obtuvo su bendición. Piensa en Job y sus continuos dolores y pruebas, pero por la fe y la paciencia llegó a la paz y la prosperidad. Bossuet dice: "Dios no siempre se niega cuando se retrasa. Él ama la perseverancia y lo concede todo".

¿Y por qué? Porque la perseverancia es un atributo de Dios y al manifestarla entramos en armonía con Dios, haciendo claro y fácil el paso de su bendición. La perseverancia de Dios se manifiesta en la persistencia de la Energía Eterna, que no podría ser eterna si no persistiera.

Si tienes recaídas y retrocesos en tu progreso hacia la salud, no te desanimes, pues existe una oscilación rítmica en el crecimiento que ahora te explicaré.

El profesor Bose, de la Universidad de Calcuta, al estudiar la ley del crecimiento de las plantas, inventó un ingenioso instrumento con el que podía medir su crecimiento, un crecimiento que era imperceptible para el ojo natural. Descubrió que las plantas crecen hacia arriba durante cinco segundos, luego se encogen hacia abajo durante cinco segundos, después permanecen inmóviles durante diez segundos, tras lo cual vuelven a empezar a subir y repiten la misma ronda. Al encogerse hacia abajo, el movimiento es más lento que al empujar hacia arriba, por lo que los cinco segundos de encogimiento no llevan a la planta completamente de vuelta a su punto de partida, de modo que, en conjunto, gana en estatura. Pero observa que los cinco segundos de encogimiento y los diez segundos de permanecer inmóvil son como tres a uno al empuje hacia arriba. Esto es prácticamente un paso hacia delante y tres pasos hacia atrás. (Me extenderé sobre esto en el capítulo once).

Si tu progreso es algo así, no te quejes de que no estás avanzando, porque lo estás haciendo.

Cada vez que te tratas a ti mismo o a los demás, te vuelves más fuerte y tu palabra es más eficaz. Con el tiempo estarás tan impregnado del poder curativo que emanará incluso de tus propias vestiduras. Entonces sanarás inconscientemente, y en algunos casos, donde la fe del paciente es muy grande, sanarás instantáneamente.

Al principio, tener fe en el poder sanador, invisible e intangible, es como entrar en un aparente vacío, pero en ese vacío encontrarás roca sólida bajo tus pies.

CAPÍTULO 6

# LA MANO AMIGA

No pienses que estás solo en la enfermedad, la debilidad, la pobreza y la miseria, porque estás rodeado por el amor, y yaces en el regazo de la sabiduría. Eres un niño en los brazos de tu madre, alimentado en su seno, el seno de la bondadosa naturaleza que, aunque a veces castiga, está siempre lista con su recompensa. Ella solo castiga para llevarte de regreso al camino que conduce a tu mayor felicidad. Cuando la súplica y el consejo fallan, entonces aplica el castigo para salvarte del destructor.

Existe un poder curativo natural llamado Vis Medicatrix Naturae. Generalmente, se conoce solo como una función que trabaja para el bien y la preservación del organismo físico, pero el practicante del Nuevo Pensamiento ve este funcionamiento físico solamente como una fase de un poder universal e infinito, trabajando para llevar el ideal a la manifestación. La simple fase conocida como Vis Medicatrix Naturae es maravillosa, pero el Principio completo, trabajando a través de toda la creación, es grandioso y magnífico, más allá de nuestra comprensión actual.

Bien podemos estudiar este Principio y aprender todo lo que se revela de él en el momento presente, porque tal conocimiento aumentará, y finalmente veremos que el universo entero se está moviendo hacia estados ideales y que el sueño del ser humano sobre el Paraíso puede realizarse aquí en la tierra.

El universo no podría alcanzar la perfección hasta que sus partes sean perfectas. Una tela perfecta debe estar hecha de tejido y textura perfectas. Si los hilos son irregulares y defectuosos, toda la tela será irregular y defectuosa. La perfección de un todo presupone la perfección de todas sus partes; por lo tanto, cuando el universo alcance el estado ideal, cada una de sus partes deberá ser igualmente ideal.

Esto implica la perfección para ti, para mí y para toda la humanidad. Significa un crecimiento constante hacia estados cada vez mejores, que son naturalmente estados cada vez más felices.

Vis Medicatrix Naturae es un término latino que designa el poder curativo de la naturaleza. Si el amor no gobernara la naturaleza, no habría tal poder curativo en ella. Este poder cura las heridas, une los huesos rotos, expulsa los venenos, renueva el vigor y, mediante intrincadas formas, restaura la salud del cuerpo, incluso cuando tal restauración puede parecer completamente imposible.

Este poder curativo no se detiene en el cuerpo, sino que opera en la sanación de heridas mentales y sufrimientos mentales de todo tipo. Se extiende también a las circunstancias y al entorno, porque las circunstancias y el entorno son una extensión del individuo, como el olor de una flor es una extensión de la flor en finas partículas de éter. Así como un olor corresponde exactamente a la naturaleza de la flor, la extensión del individuo, representada por las circunstancias y el entorno, corresponde exactamente a la vida y el pensamiento del individuo.

Existen estados y condiciones del entorno que corresponden a las dolencias del cuerpo. Hay heridas, lesiones y huesos rotos del entorno, ejemplificado por la ruptura de los estados establecidos mediante la separación, el duelo y el alejamiento. Hay neuralgias del entorno, o agudos dolores causados por violentas antipatías y peleas. Hay indigestión o mala asimilación de parientes y amigos, que resulta en fermentación y malestar. Hay catarros, congestiones, fiebres y otras enfermedades del entorno, tan reales como las del cuerpo. Afortunadamente, el poder curativo de la naturaleza es tan eficaz en su acción sobre las enfermedades del entorno como sobre las del cuerpo.

¿Qué relación tiene esto con tu vida? Pues que es una mano amiga que se extiende para levantarte y aliviarte. Trabaja en todo momento para llevar el caos y la enfermedad del cuerpo, la mente y el entorno hacia un orden armonioso y hermoso. Te está ayudando a salir de los estados actuales hacia otros más hermosos que alegrarán tu alma.

El proceso de Creación es la transformación del caos en orden, y también es el proceso de recreación, que es reparación o, en otras palabras, es la reparación o nuevo ajuste de los átomos mentales y físicos.

Este planeta vino a la existencia por una misteriosa acción de la mente única sobre la materia, y toda forma de vida en él tuvo el mismo origen. Los biólogos nos dicen que al observar la formación de un pájaro en un huevo, la yema parece ser pellizcada aquí y allá, como por una mano invisible, hasta que la forma del pájaro se esboza vagamente. Día tras día, esta forma se va definiendo más claramente hasta que el pájaro vivo sale de la cáscara. Esto ilustra el modo de creación en cada caso. Siempre es la unión de átomos indeterminados en una forma definida.

La mente única, ordenando y reorganizando los átomos en ti, continuamente te está recreando, de momento en momento, de hora en hora, de día en día y de año en año.

Ya sea que estés despierto o que duermas, la recreación se está llevando a cabo en ti. La influencia curativa, idealizadora y sanadora está trabajando en ti y a través de ti para llevarte al Cielo del deseo de tu corazón. Esta es la mano amiga.

Puedes obstaculizar los resultados o puedes hacerlos avanzar, dependiendo de tu incapacidad para reconocer o de tu disposición para cooperar con este poder. El mejor modo de cooperación, el más simple y más natural, es pensar muchas veces al día en la existencia y la continua actividad de este poder sanador, porque la acción creativa se intensifica por el pensamiento consciente.

La curación de un rasguño es una evidencia real que da testimonio de la Vis Medicatrix Naturae, pero su funcionamiento no es tan evidente en el invisible mecanismo interno del cuerpo, y es aún menos evidente cuando actúa sobre tu mente o entorno. Cuando faltan evidencias, lo más sensato es aceptar el poder curativo por fe y esperar los resultados. Cuando obtengas esos resultados, tu fe estará justificada.

No conozco un aspecto más edificante y esperanzador que ver que mi vida está siendo continuamente moldeada hacia una forma más ideal, para que pueda convertirse en una expresión perfecta del orden divino, la salud, la belleza, la opulencia y la alegría. Así y solo así puedo expresar lo Divino.

Tan cierto como que la yema del huevo, tan vaga y carente de forma, es el núcleo del pájaro que ha de ser, así yo soy ahora el núcleo de un ser superior y feliz. Tú también lo eres. La ley es universal y se aplica a todos.

Puedo soportar una hora desdichada si sé que da paso a una más feliz, y especialmente si sé que la primera contiene en sí misma el germen de la última, y que sin la primera, la segunda no podría existir. Del mismo modo que la semilla genera la entidad futura, así es la evolución de una vida humana, cada nueva fase de la misma evoluciona a partir de la precedente.

Al carecer de este conocimiento, en el pasado hemos obstaculizado el bien venidero, porque en horas oscuras de enfermedad, dolor, duelo y angustia, no hemos reconocido conscientemente el poder, que incluso en ese mismo momento se esforzaba por llevarnos a mejores estados. La ley es la siguiente: si no reconocemos conscientemente este poder, obstaculizamos su esfuerzo, por el hecho de que nuestro pensamiento consciente influye para bien o para mal en todo lo que nos concierne.

Afortunadamente para nosotros, este poder curativo está siempre a mano esperando nuestro reconocimiento, a menudo tardío, pero nunca es demasiado tarde para comenzar a cooperar con él, porque incluso después de la muerte nos ayuda en la vida del más allá.

Somos propensos a pensar que el subconsciente, que es inconsciente o no-consciente, está inactivo porque no somos conscientes de su acción. Ese es el gran error de nuestras vidas. Cuando comprendamos que el subconsciente nunca duerme, sino que actúa continuamente, para nuestro bien o nuestro mal, sabremos que controlamos nuestro destino, y lo hacemos moviendo el subconsciente a la medida de nuestro pensamiento consciente.

No te equivoques y creas que el superconsciente, el consciente y el subconsciente son tres mentes separadas y distintas. Todas son una sola mente, pero una mente diferenciada en su funcionamiento como un árbol podría diferenciarse en raíz, tronco y rama.

La mente subconsciente es tan inteligente como la mente consciente, si no más, ya que su actividad indica un orden de inteligencia muy elevado. La Vis Medicatrix Naturae es una actividad inteligente del subconsciente, por lo tanto, no somos conscientes de su funcionamiento, solo observamos los resultados y en virtud de ellos asumimos que está operativa.

Habiéndonos cerciorado de que opera con fines benéficos, cooperamos con ella o la intensificamos, reflexionando sobre ella y sugiriéndole ciertos canales para que se muevan sus fuerzas. Cuando el consciente y el subconsciente tienen un propósito común, el primero no tira contra el segundo para obstaculizar su acción. Por otro lado, si la mente consciente está llena de dudas y recelos en cuanto a la victoria final del bien, con su consiguiente alegría y salud, entonces la mente consciente tira contra el subconsciente en lugar de hacerlo a su favor, y obstaculiza su realización.

Entonces, no importa cuál sea tu estado actual, ni lo desalentador que pueda parecer, te corresponde verlo mentalmente como portador del germen de la mejora futura.

El gran científico sir Oliver Lodge ha llegado a la siguiente conclusión:

> Ningún universo existente puede tender en su conjunto hacia la contracción y la decadencia, porque eso fomentaría la aniquilación, por lo que cualquier esfuerzo incipiente no habría sobrevivido. En consecuencia, un universo realmente existente y que fluye en su conjunto debe abrigar el desarrollo, la expansión, el crecimiento, y así tender hacia el infinito en lugar de hacia cero. Dar existencia a un tipo no estancado y el desarrollo último debe ser su ley.

Observa cómo el término "universo que fluye" coincide con la idea del centro radiante de que la Vida fluye hacia afuera en expresión desde un centro que es Dios.

El universo está en camino hacia estados más elevados y mejores. Lo que tiende al infinito tiende a la perfección. No se puede pensar en el Infinito como imperfecto, como sujeto a ataduras o condiciones infelices. El desarrollo, la expansión, el crecimiento, todo conduce a una creciente libertad de todo lo que restringe y encadena.

Sin embargo, las ataduras tienen su utilidad durante un tiempo, pues el poder no se obtiene sin superar los límites impuestos por la oposición, la restricción, la resistencia, el obstáculo y el impedimento. Por eso digo:

Lo desagradable del momento presente encierra en sí el germen no desarrollado de la alegría futura. El lirio más hermoso tiene su origen en la cautividad de la oprimente tierra y la oscuridad, desde la cual, y por medio de la cual, empuja hacia arriba hacia la libertad y la luz.

Ten continuamente presente que Vis Medicatrix Naturae trabaja siempre por el bien de tu mente, el bien de tu cuerpo y el bien de tu vida en cada detalle.

Si las apariencias contradicen esta afirmación, permíteme recordarte que las apariencias son como el horizonte, solo una apariencia, y el horizonte ya no te engaña porque has aprendido que no marca el fin de la tierra. Tampoco tus aparentes limitaciones marcan el final de tus aspiraciones, porque la línea del horizonte simboliza otra ilusión que durante mucho tiempo ha mantenido al mundo esclavizado a la enfermedad y la debilidad, a saber, *la línea del horizonte mental* que limita tus poderes a lo finito, cuando la verdad es que se extienden más allá de esta línea ilusoria y se extienden muy lejos en el Infinito.

No es menor entre tus poderes infinitos, el Vis Medicatrix Naturae, el poder curativo, la mano amiga, que trabaja incesantemente para tu mejoramiento y para un tipo de bienestar superior al que ahora puedes imaginar, porque, en tu estado actual, en el mejor de los casos, cuando te comparas con tu estado venidero, eres como el gusano para la mariposa, o el átomo para el arcángel.

Impulsado, empujado, persuadido y llevado, sigues tu camino hacia cosas mejores, a pesar de tus errores y defectos. No podrías detener por completo tu progreso, aunque lo intentaras, pero podrías obstaculizarlo por un tiempo al no cooperar con la ley.

Debes estar en paz con tu entorno porque es una parte indispensable de tu desarrollo. Están en tu vida por la ley y saldrán de tu vida por la ley, como la manzana madura cae del árbol. Algún día mirarás hacia atrás y lo verás así. Entonces sabrás que sin ciertas experiencias desagradables tu mente nunca podría haber ganado su posterior fortaleza y alegría.

El vino en la etapa de fermentación es turbio, pero dale tiempo y los residuos se asentarán, dejando el vino claro y brillante. Así tu vida se separará de sus residuos y se convertirá en un cielo resplandeciente y radiante de esperanza y alegría.

Mantén la Vis Medicatrix Naturae, la mano amiga, ante tu visión mental y afirma una y otra vez que la ley del amor, que es también la ley de la evolución, te está sacando del confinado y oscuro período de semilla hacia el tiempo de florecimiento. Confía en el amor infinito que te tiene bajo su custodia y descansa en paz.

CAPÍTULO 7

# ANIMACIÓN DE LAS FORMAS DE PENSAMIENTO

A continuación te diré algo sobre la creación o la animación de las formas de pensamiento. Para ello debo definir brevemente varios términos con los que quizás no estás familiarizado o, si lo estás, una definición no estará de más, pues mostrará más claramente lo que pretendo decir.

Remontándonos al principio del lenguaje, encontramos que nuestra palabra actual "Hombre" ("Man" en inglés) tiene su raíz en una antigua palabra sánscrita "Manas", que significa "Pensador". Esta palabra ha pasado a través de las edades con muy pocos cambios, hasta que ahora, en lugar de "Manas" se lee "Hombre" ("Man" en inglés) y todavía significa "Pensador".

El hombre en su esencia real es un principio pensante, y ese Principio, el verdadero Ego, es llamado por los ocultistas "Manas", porque el término caracteriza al ego como un pensador. El ego se conoce como "Manas" y su plano de actividad se conoce como el "Plano Manásico".

Existe también un plano de sentimiento, emoción y deseo en el que funciona el Manas o Pensador, y que se denomina plano Kámico. (No kármico sino kámico, pues karma y kama son dos términos distintos).

Utilizo estos términos ocultistas porque mi conocimiento de la creación de las formas de pensamiento proviene de la filosofía Vedanta y deseo dar crédito a la misma, también porque no conozco términos mejores para definir los planos de pensamiento y sentimiento.

La actividad manásica y la actividad kámica deben combinarse para producir la vibración que construye la forma y moldea la materia.

¿Cómo se logra esta construcción de la forma? Es difícil expresar el proceso con palabras, sin embargo, intentaré describirlo. La creación de la forma es un proceso sutil y fino, no puede ser detectado por los sentidos físicos. No sabríamos nada del pensamiento y su transmisión si nuestro conocimiento dependiera de una percepción consciente del mismo cuando sale de la mente para realizar sus diversas actividades. La telepatía o la transferencia del pensamiento solo se conoce por sus resultados. Es decir, cuando dos personas acuerdan enviarse mutuamente mensajes de pensamiento y esos mensajes se reciben, palabra por palabra, tan claramente como si se hablaran audiblemente al oído que escucha, o a través de una percepción mental tan distintiva como si estuviera escrita en un papel, entonces no cabe duda de que el pensamiento realmente se ha transmitido de una mente a otra. Nosotros no vemos, ni oímos, ni sentimos tales pensamientos en su ir y venir, sin embargo, está demostrado científicamente en cientos de casos, que efectivamente van y vienen. A menudo se presentan a nuestra mente como lo hacen nuestros propios pensamientos, no sabemos de dónde provienen. Cada vez que tenemos un pensamiento que no podemos explicar por la ley de asociación, un pensamiento tan ajeno a nuestros otros pensamientos que realmente nos sorprende, podemos suponer con seguridad que viene a nosotros, ya sea directamente de la Mente Universal, o se nos transmite de alguna otra mente humana. Las pruebas experimentales han demostrado la ley de la transmisión del pensamiento una y otra vez, por lo que el hecho de la telepatía ya no es cuestionado entre los científicos o personas inteligentes.

El modo de animar las formas de pensamiento, hasta donde se puede describir, es el siguiente:

El Manas o principio pensante forma una imagen mental dando forma definida a la materia difusa y altamente etérea del plano Manásico. La imagen mental así formada es una creación etérea, una cosa sin forma, color o peso, y es atraída hacia el plano Kámico del sentimiento o la emoción, donde es animada y luego se convierte en una forma de pensamiento sustancial, una entidad viviente, que posee forma, color y peso y tiene el poder de moverse de un lugar a otro de acuerdo con su deseo. Obedece a la ley de la vida y se desplaza desde el centro hasta la circunferencia del individuo, e incluso va más allá de esa circunferencia hacia el mundo circundante.

Un conjunto de estas formas de pensamiento a nuestro alrededor crea lo que se llama un aura de pensamiento, e impresiona a otras personas de manera agradable o desagradable de acuerdo con la naturaleza de los pensamientos que la componen. Una persona con un aura agradable es querida y atrae el éxito, mientras que una persona con un aura desagradable es repelida y aleja el éxito.

En tu esencia interna, tú eres un pensamiento que emana de la mente Divina, y tus pensamientos, a su vez, son entidades secundarias que emanan de tu mente.

Del mismo modo que tú tienes acción independiente y puedes ir aquí y allá a voluntad, tus pensamientos, siendo ediciones microcósmicas de ti mismo, adquieren acción independiente y se mueven en el espacio, haciendo muchas cosas de las que no eres consciente. Tu pensamiento es capaz de ir por su propia voluntad a lugares y personas totalmente desconocidos para ti, y a esto le debes mucho de lo que parece inexplicable. Los amigos afines son reunidos de esta manera desde lugares remotos del mundo, al igual que las personas que pueden beneficiarse mutuamente. Es así como el deseo y la aspiración encuentran su cumplimiento, y es así como se obtiene el éxito por el pensamiento.

Algunos pensamientos son débiles y de corta duración. Otros son fuertes y resistentes. Tú alimentas y nutres un pensamiento con fuerza y vitalidad pensándolo día tras día y año tras año. Si piensas un pensamiento de salud, de esta manera persistente, finalmente haces que el pensamiento sea tan fuerte que domina las condiciones de enfermedad y las expulsa de tu cuerpo.

Tu organismo físico puede describirse como una colección o ensamblaje de formas de pensamiento. Los pensamientos que piensas y que salen de tu centro, se encarnan en tus nervios, músculos, carne, huesos, sangre y secreciones. En realidad, estos son hechos y rehechos por tus formas de pensamiento, esas que "se quedan en casa" que no salen de tu cuerpo a tu entorno, y puesto que cada parte de ti está compuesta de pensamiento encarnado, cada átomo de tu cuerpo debe tener su alma o principio inteligente que responda a cada pensamiento que piensas y a cada emoción que sientes, porque el principio central inteligente o alma de los átomos es muy sensible a todas las influencias. Si esto no fuera cierto, no habría relación posible entre el pensamiento curativo y los átomos enfermos a los cuales afecta y controla.

A veces, el principio inteligente en el átomo es letárgico y lento para responder, y en tales casos la sanación es lenta. Este estado letárgico del átomo no siempre se debe a la mente del paciente, sino que se remonta a los antepasados que mantuvieron ciertos estados mentales y fueron transmitidos por herencia a sus descendientes. El tiempo y el esfuerzo desintegrarán el pensamiento heredado, del mismo modo que las rocas de la tierra se desintegran por la acción continua de los elementos.

Tu cuerpo de hoy es la suma de tus pensamientos pasados y de los pensamientos de tus antepasados. Esto parecería una proposición difícil o incluso imposible si no fuera porque la ley de la vida está trabajando contigo para producir aquello que estás destinado a ser, un individuo perfecto. Este es el fin y el objetivo de la evolución y por eso digo:

> La ley de vida está contigo en tu búsqueda de la salud perfecta de la mente y el cuerpo.

No pienses que tus átomos son fijos, porque no lo son. Hay una fijeza temporal, sin la cual la conservación de la forma sería imposible, pero esta fijeza temporal está siempre sujeta a la acción del Espíritu, a esa corriente de vida espiritual que fluye continuamente desde el centro del Ser y se convierte en ti.

Siempre generas más pensamiento del que puedes utilizar en tu cuerpo, y este excedente de pensamiento constituye la corriente que viaja hacia tu aura, y más allá de ella. Tú produces tu aura de pensamiento, y puede ser tan dulce y deliciosa como el perfume de una flor, o tan nociva y repelente como el hedor de la putrefacción. Tu aura es una emanación de tu pensamiento y corresponde a su cualidad en cada detalle.

Nadie puede hacerte daño si tus pensamientos son continuamente buenos, porque cada buen pensamiento es una fuerza positiva, forma parte de tu aura y ayuda a construir a tu alrededor un entorno protector. A medida que vas haciendo buenas formas de pensamiento, se convierten en un verdadero ejército de protectores, y este es el significado oculto del texto:

Él dará órdenes a sus ángeles acerca de ti, para que te guarden en todos tus caminos.

Cuando Stradella entonaba cantos sagrados ante el altar, su aura protectora era tan fuerte que los asesinos, al asaltarlo, se sintieron impotentes. No pudieron asestarle el golpe mortal.

Podemos creer fácilmente que tales cosas son posibles, cuando reflexionamos que las formas de pensamiento están dotadas de inteligencia y energía, por lo tanto, pueden agruparse como un ejército protector alrededor de la persona que las proyecta.

Convencerse de esto es volverse absolutamente libre de miedo en todas las condiciones y circunstancias.

Los pensamientos de miedo producen átomos insanos, enfermizos y débiles, por lo que es necesario eliminar el miedo de tu mente, y puedes hacerlo si reconoces que eres uno con la sustancia Divina y no tienes nada que temer.

Los pensamientos ansiosos, preocupados y tristes están bajo la cabeza de los pensamientos de miedo, y pueden ser disipados con el conocimiento de que eres de sustancia espiritual indestructible que no puede ser dañada.

El poder infinito de Dios es nuestro poder, por lo tanto, no tenemos nada que temer, nada por lo cual estar ansiosos, nada de qué preocuparnos y ninguna causa real para estar tristes. Cuando percibimos todo esto, nuestros problemas se alejan de nosotros y una gran paz invade la mente, registrándose también en el cuerpo.

Pero, ¿por qué los pensamientos de miedo se apoderan de nosotros antes de que conozcamos la verdad de nuestro ser? Te diré por qué. Rastreamos nuestra herencia de mente clara hasta el salvaje, el adorador de fetiches, que temía un mundo desconocido y por descubrir, en el que imaginaba un enemigo emboscado detrás de cada árbol. Los psicólogos, como el Dr. Stanley Hall, nos han mostrado cómo hemos heredado nuestros miedos del salvaje primitivo, pero no nos muestran cómo deshacernos de ellos. El Nuevo Pensamiento se encarga de enseñarlo.

Recuerda que tu cuerpo futuro estará compuesto por tus actuales formas de pensamiento o átomos animados. Incluso el materialista Haeckel, en su obra sobre la evolución, se ve obligado a dar alma a los átomos para explicar su inteligencia y su actividad. Puedes dirigirte a las formas de pensamiento como lo harías con los seres humanos, diciéndoles lo que deseas que hagan. Así, día a día crecerás hacia mejores condiciones mediante la creación de nuevas y vibrantes formas de pensamiento que te brindarán salud, prosperidad y felicidad.

CAPÍTULO 8

# EL AVIVAMIENTO

En la formación de un organismo hay un momento en el que se produce el avivamiento, y desde ese momento el organismo se convierte en una criatura de nueva vida y acción. Antes del avivamiento tiene vida en cierto sentido, es decir, crece y realiza algunas actividades funcionales, pero después del avivamiento tiene un nuevo poder, el del movimiento independiente o volitivo, el de actuar por impulsos propios. De ser un ser negativo sobre el que se actúa, se convierte en una entidad actuante, un individuo con voluntad propia.

Tomemos como ejemplo el embrión de un pájaro en el huevo. La yema del huevo gradualmente asume la forma del pájaro. Poco a poco va desarrollando la columna vertebral, el corazón, los pulmones, etc., mientras se nutre de la albúmina de la clara del huevo. Cuando la forma del pájaro es casi completa y está listo para salir de la cáscara, llega el avivamiento y con ello el instinto de salir de la cáscara. El pájaro estaba vivo antes del avivamiento, pero era negativo y se actuaba sobre él, en lugar de actuar. Con el avivamiento llega una vida más elevada y positiva, y el poder de moverse y actuar por sí mismo. Lo mismo ocurre con el embrión humano en mayor escala y grado. Desde el instante del avivamiento, el feto se convierte en algo dinámico y finalmente asiste en su propio parto en el momento de su nacimiento.

Existe una analogía omnipresente entre las cosas físicas y las metafísicas, por lo que deduzco que hay un avivamiento en la mente del individuo para el que se está preparando. Durante mucho tiempo la mente es vaga y negativa en su acción, pero todo el tiempo está creciendo, desarrollándose, formándose para el avivamiento. En otras palabras, no estamos completamente individualizados y debemos prepararnos para dar un paso hacia una individualización superior. Debemos prepararnos para el avivamiento mental.

Todo nuestro pensamiento vago e irreflexivo está realmente trabajando hacia un fin en el que se ordenará en torno a un pensamiento central y se volverá orgánico, puesto que lo que es cierto para el embrión es igualmente cierto para el individuo embrionario, el ser humano.

Después del avivamiento viene el nacimiento a una vida superior. A lo largo de toda la línea de la evolución, las cosas nacen de nuevo en el siguiente plano superior. El organismo unicelular vuelve a nacer como organismo bicelular, tricelular, pluricelular, y así la vida avanza en su tendencia ascendente.

La tristeza, el cuestionamiento, la gris monotonía, los contratiempos, la enfermedad del corazón, son todos fenómenos de la vida embrionaria y deben ser vividos con paciencia y esperanza si queremos alcanzar el avivamiento que está cerca. La pena, el dolor y las dificultades son los dolores de la gestación y desaparecen cuando el embrión alcanza su crecimiento.

En la formación del embrión, la yema del huevo en la que habita se alimenta de la albúmina de la clara que lo rodea. El germen de la vida futura está en la yema, y la yema está en el centro, rodeada por la clara. Lo mismo ocurre con el individuo, que se encuentra en el centro de su entorno, y lo que este contiene en forma de acontecimientos y circunstancias es necesario para la formación de su mente, mientras se prepara para el avivamiento.

Ahora estás organizando tu mente, haciendo de ti mismo un ser orgánico mentalmente. Ya estás organizado físicamente, pero la organización actual es imperfecta y está siendo alterada en preparación para una reorganización de carácter más perfecto. Los antiguos hábitos corporales se alteran con el fin de formar nuevos hábitos. Lo mismo sucede con la mente, solo que la mente nunca ha sido organizada como el cuerpo, y al no haber sido organizada, es más fácil hacer que se ajuste a un nuevo orden de pensamiento. Por supuesto, hay muchos antiguos hábitos de pensamiento que romper y nuevos hábitos que formar, pero los antiguos hábitos no están cristalizados en la formación orgánica, por lo que son plásticos y ceden fácilmente a las influencias formativas.

Si tu mente se siente peculiarmente caótica e inestable, esto simplemente muestra que un nuevo orden está a punto de formarse, porque el caos siempre precede a un nuevo orden. Así ocurrió en la creación, según el relato del Génesis, y el mismo proceso se está produciendo ahora. En el caos, los átomos están desordenados, y el acto creador consiste en reunir aquellos átomos que están relacionados entre sí en una forma orgánica de vida. En la creación de estas formas orgánicas siempre se produce el avivamiento.

Reitero el término "Avivamiento" para que lo tengas escrito de manera indeleble en tu mente. Quiero que llene tu conciencia por completo durante un tiempo, hasta que te impregnes de la convicción de que va a llegar a ti un avivamiento. También quiero que sepas que ahora estás trabajando para que esto suceda, trabajando con la ley creativa, trabajando con Dios.

El trabajo que no tiene en vista un fin feliz y placentero es una cinta de correr y, como tal, es una tortura para una mente sensible, por eso te señalo el fin hacia el cual te diriges, como los Apóstoles de la antigüedad se dirigieron hacia el Fuego Pentecostal, el Avivamiento del Espíritu. A medida que avanzaban hacia el Gran Acontecimiento, este avanzaba hacia ellos, hasta que llegó la Exaltación.

El espíritu habita en nosotros continuamente. Sin él no podríamos obtener el aliento de vida. No desciende sobre nosotros desde fuera, sino desde dentro. El Espíritu se expresa a través de nosotros, pero tiene fases de expresión inferiores y superiores. Hemos pasado por muchas de las formas inferiores de esta expresión y ahora estamos siendo preparados para una superior. Cuando nuestra nueva forma mental esté terminada, el Espíritu afluirá a ella, y he aquí, el avivamiento y más tarde el nuevo nacimiento.

Cuando te sientas inclinado a lamentar tu aparente fracaso en hacer de tu vida lo que deseas que sea, consuélate con la bendita verdad de que te estás preparando para tu avivamiento. No importa cuán aburrida y miserable sea la perspectiva, cuán agudo es el dolor del conflicto, cuán profunda es la pena, cuán pesado es el problema, todos son factores para producir el gran resultado. Todas son influencias formativas que te moldean en la forma perfecta que será una morada adecuada para el Espíritu. Todas las cosas tienen que ser moldeadas para su apoteosis y el ser humano no está exento de la ley universal.

Si el embrión de un pájaro tuviera mente o conciencia, sentiría alegría a medida que su forma se fuera definiendo, pareciéndose más al pájaro que ha de ser, pero lo más probable es que la inteligencia del embrión no esté a la altura de este conocimiento. Sin embargo, la mente más amplia del biólogo, que observa a través de su lente la formación gradual del pájaro, ve lo que anuncia, conoce lo último del desarrollo, está seguro del resultado.

En el ser humano hay una mente más grande, una conciencia superior, que ve y espera el avivamiento, el producto terminado, el individuo perfecto, pero esta mente más grande no siempre está en evidencia, y cuando no lo está, la mente más pequeña de cada día se horroriza por las dificultades, se inquieta por el miedo, se perturba por la duda, se desgasta por la monotonía y se angustia por el dolor, pero bajo está la mano creativa. Las dificultades, el miedo, la duda, la monotonía y el dolor trabajan como material de construcción para la creciente forma que será avivada cuando esté completa.

Conozco a varias personas confiables y honestas que me han contado su experiencia del avivamiento, y aunque difieren un poco en los detalles, todas las experiencias fueron muy parecidas. Hay una en particular que me impresionó tanto, que la compartiré contigo para que te sirva de estímulo. La persona vio y tocó una llama espiritual de tres lenguas, como la que recibieron los Apóstoles en Pentecostés. No fue una alucinación ni una visión, sino la experiencia de una persona normal perfectamente despierta, no dada a trances ni estados psíquicos. Cuando esta llama la tocó, escuchó una voz que decía: "Este es el poder curativo". Mentalmente, la reconoció como tal antes de que se lo dijera el Espíritu, porque cuando la llama la tocó, ondas eléctricas recorrieron su cuerpo y se sintió llena de vitalidad como nunca antes. Durante los días siguientes, caminó como en el aire, tan grande era su sensación de regocijo y ligereza corporal. Le parecía que todo era el Espíritu, y creía que podría haber caminado sobre el agua o flotado en el aire. Con el tiempo, este regocijo se hizo menos intenso, pero nunca volvió al antiguo nivel de pesadez e inmovilidad, ni tampoco su mente regresó a su antiguo plano, atormentada por dudas, ansiedades, preocupaciones y temores. Por naturaleza tenía un temperamento triste y negativo, temerosa del futuro y propensa a dar vueltas los dolores del pasado. El avivamiento la convirtió en una nueva criatura, transformando por completo su antiguo yo en un ser nuevo y poderoso que había perdido todo miedo a lo que la Vida le deparaba, y que parecía tener poder para moldear las circunstancias a su voluntad.

Me dijo que su avivamiento había tardado mucho en llegar, que durante años había luchado, fiel a la Verdad tal como le había sido revelada, y había tratado de expresarla en cada detalle de su vida, pero a menudo se desalentaba y desanimaba por sus fracasos y su incapacidad para traer la salud a su cuerpo. Después del avivamiento, sus enfermedades parecieron desaparecer y todo se volvió nuevo. Empezó a vivir en una conciencia más elevada, de modo que comprendió lo que significa "nacer de nuevo".

Otros han tenido la misma experiencia, así que me siento justificada al afirmar que un avivamiento y un nuevo nacimiento está reservado para todos los que viven la Verdad.

Entonces, ¿no prestarás tu más sincera cooperación a este trabajo de crecimiento hacia el avivamiento, y te atreverás a sentir valor y esperanza?

Puedes confiar en la ley universal y el avivamiento que te llama.

CAPÍTULO 9

# LA ÚNICA VOLUNTAD

En el universo no hay más que una voluntad y esa voluntad es buena, por lo tanto, tu voluntad siendo un resultado de la voluntad única no puede ser mala. En sí misma es buena, pero según la dirección que toma parece mala. Un automóvil que circula por la avenida parece bueno, pero si se estrella en la cuneta parece malo, o al menos arruinado. Al vehículo humano se le llama pecador, al vehículo mecánico, choque irresponsable. Pero en ambos casos, el pobre vehículo se ha salido del camino y se ha estrellado.

Tu voluntad es un producto de la voluntad única, y guarda con ella la misma relación que tiene la ola del océano con todo el océano, o la rama del árbol con todo el árbol. La ola es esencialmente una con todo el océano, la rama es esencialmente una con todo el árbol, y tu voluntad es esencialmente una con toda la voluntad. Puedes comprender fácilmente que esto es cierto para el océano o el árbol, sin embargo, no es tan evidente con la voluntad.

Esto se debe a que el individuo es una especie de batería de almacenamiento, se apropia de una cierta cantidad de fuerza, almacena y utiliza esa cantidad hasta que se agota, y luego se apropia, almacena y utiliza más. Por lo tanto, mientras está ocupado con su limitada reserva no es consciente de la totalidad, de la que su reserva no es más que una fracción.

Con el ojo físico vemos todo el árbol y su conexión con la rama, y vemos lo suficiente del océano para imaginar su totalidad y conectarlo con la ola, pero con el ojo interno no percibimos al principio la totalidad de esa fuerza oculta, la voluntad, por eso, no nos damos cuenta de su conexión con la voluntad individual.

Ahora bien, cuando nos damos cuenta de que existe tal totalidad o unidad de la voluntad, entonces, al mirar una porción de la voluntad única, que reconocemos como nuestra porción individual, la mente ve la voluntad total, tenuemente, simbólicamente, del mismo modo que el ojo físico, al mirar directamente un objeto, ve tenue e indirectamente los objetos circundantes que se encuentran en el margen de la visión.

Existe un estado anormal del ojo físico en el que la vista se estrecha y solo puede ver el punto donde centra su visión, quedando excluido todo lo demás, y este mismo estado anormal del ojo interno prevalece cuando esa porción de la voluntad a la que llamas "tu voluntad" está solo presente a tu percepción. Cuanto más anormal sea tu visión interna, más pequeña parecerá tu voluntad.

En esos momentos, tu ojo interno está enfermo, débil e imperfecto, de modo que no puedes ver lo que realmente es, eso que está presente en ti y allí para que lo veas, pero alejado de tu visión porque estás aquejado de astigmatismo mental.

Hay una cosa muy curiosa sobre esta visión interna y es que es transmisible. Hay una transferencia de visión de una mente a otra. Por ejemplo, si veo algo claramente, puedo transmitir mi visión a tu mente para que puedas ver lo que yo veo con mi ojo interno. Si veo la voluntad total, y veo mi voluntad o la tuya como una con ella e investida con su poder, puedo imprimir esa imagen en tu mente y verás lo que yo veo. Si te doy mi impresión por escrito, inmediatamente verás a través y más allá de la escritura mi imagen mental, que entonces se destacará vívidamente en tu conciencia. Puedo transmitirte mi visión. No es mía para ocultarla, sino para transmitirla a otras mentes como parte de la Llama sagrada de la verdad. Este es el secreto de la sanación del Nuevo Pensamiento, la transferencia de la visión espiritual. El sanador transmite a la mente del paciente una imagen mental de la Verdad espiritual, y esa imagen mental es un receptáculo en el cual la corriente curativa fluye directamente desde su Fuente-Dios. Como he dicho antes, no es el sanador quien realmente sana al paciente —él solo abre el camino— sin embargo, su mediación es esencial cuando el paciente no puede abrirse el camino por sí mismo.

Si quieres aumentar el poder de tu voluntad, debes verla como una con la voluntad total, y como fluyendo continuamente de ella, a través de ti, como una salida de la fuerza universal. Puedes aprisionarla por un tiempo dentro de ti, pero si finalmente no la envías fuera, deja de ser poder, y como una gota del océano, dejada sola en la playa, pasa al éter, sin ser más. Si la acumulas como si fuera una pequeña reserva de algo que temes perder, se desvanecerá y te dejará débil de propósito y acción.

Si tienes la idea de que tu voluntad es mala y su ejercicio es un pecado, que la voluntad personal es algo que hay que aplastar, entonces, tu visión interna está enferma y defectuosa. Tu inferencia ilógica por aplastar la voluntad implica un ejercicio de la voluntad para aplastarla, y el espectáculo de la voluntad aplastándose a sí misma hasta desaparecer, y que permanece vencedora en el campo después de haberse aplastado a sí misma, es una proposición impensable. Equivale a decir que uno se ha destruido a sí mismo y, sin embargo, sigue existiendo.

La misma imposibilidad de la concepción prueba que la voluntad es esencial para la vida y el ser, y siendo esencial, su destrucción es inconcebible. El argumento de Herbert Spencer a favor de la indestructibilidad de la materia es que no se puede pensar que deje de existir. Se puede suponer que pasa a otras formas, pero no que se destruye por completo. El mismo argumento es válido para la voluntad.

Schopenhauer sostenía que todo el Universo es proyectado en el espacio por la voluntad y la idea, lo que supongo que equivale a decir que es proyectado por la energía y el pensamiento, siendo la voluntad la energía que proyecta y la idea la forma o el pensamiento asumido por la energía proyectiva. Cada objeto de la creación es puesto en existencia por el esfuerzo de esta voluntad única, y la voluntad del individuo nunca está separada de la voluntad única.

Hay voluntades aparentemente separadas porque los objetos están externamente separados unos de otros, pero la voluntad no está sujeta a las leyes que miden la sustancia material y la dividen en partes. En el vasto océano de la voluntad, tú te elevas como una ola en una parte de su superficie, mientras que yo me elevo como otra ola en otra parte de su superficie. Tú puedes estar en Londres y yo en Washington, pero la voluntad omnipresente nos une como uno solo. Tu ola puede moverse hacia el Norte y la mía hacia el Sur, o la tuya hacia el Este y la mía hacia el Oeste, pero ambos somos uno con el océano de la voluntad.

Toda la fuerza del universo se conserva en la voluntad única. Su energía como un todo nunca aumenta, nunca disminuye, siempre es la misma en su totalidad, aunque sus manifestaciones individuales difieren, ahora manifestando gran poder, ahora poco, según sea el caso.

La voluntad es constructiva excepto en los momentos en que destruye con el propósito de construir una mejor estructura. El esfuerzo de la naturaleza en la evolución es llevar a todos los seres a la máxima expresión posible, y la energía que respalda y sostiene este esfuerzo es la voluntad universal; por lo tanto, es buena y podemos confiar en que realizará nuestros ideales y aspiraciones más elevados.

La debilidad y la enfermedad marcan un alejamiento del ideal, pero en este alejamiento somos conducidos al conocimiento de las leyes de la salud y aprendemos la posibilidad de reparación y reconstrucción.

La sabiduría, la amplitud de experiencia y la profundidad de simpatía que deben venir con el paso de los años, son marcas maravillosas y hermosas de la edad. No así los tejidos rotos, la enfermedad y la decrepitud. Es posible, según enseña el Nuevo Pensamiento, adquirir las marcas bellas y borrar las desagradables mediante una dirección adecuada de la voluntad.

Es posible que sepa lo que es ideal y, sin embargo, no tenga la voluntad de expresarlo en mi vida. En ese caso, mi conocimiento no tiende a la belleza de expresión en mi mente y mi cuerpo. Puedo saber que ciertos pensamientos son corrosivos y generan veneno en mi cuerpo, sin embargo, puedo tener la voluntad de mantener esos pensamientos a medida que pasan los años, en cuyo caso mi voluntad es mi destructora. Con todo el conocimiento de la verdad que es posible obtener, uno no puede renovarse o recrearse a sí mismo en el ideal sin usar su voluntad. Es su salvadora o su destructora.

Puedes utilizar la voluntad para obtener buenos resultados con muy poco conocimiento, porque existe en ti una percepción intuitiva de lo que es bueno para ti y lo que no lo es. Por el efecto de ciertos pensamientos y sentimientos, sabes que son perjudiciales para ti. Sabes que no es bueno para ti entregarte a episodios de depresión, resentimiento, envidia, ira, ansiedad, miedo, etc., y es posible que prefieras no tener esos pensamientos, no obstante, parece que no puedes despertar la voluntad lo suficiente como para expulsarlos.

Intentas una, dos o tres veces expulsar a los nocivos intrusos, y tal vez lo consigas por un instante, pero vuelven a aparecer, y con ellos más "demonios", como el espíritu inmundo de antaño. Entonces te desanimas y no luchas más.

No sucumbirías así si supieras del gran poder que tienes detrás, incluso toda la voluntad del universo, cada parte de ella. Es la antigua idea errónea de la voluntad separada la que paraliza tu esfuerzo y te hace pensar que has agotado todas tus fuerzas, cuando no es así.

La próxima vez que te desanimes piensa en tu unidad con la voluntad universal, el poder motriz del universo, y observa cuán rápidamente tu propia voluntad surge renovada y reforzada. Te sorprenderá lo que puede hacer.

¿Has llegado al punto en el que buscas algo que renueve tu mente, tu salud y tu vida en general? Si es así, esa búsqueda es un movimiento de la voluntad. Está trabajando para ti. Sigue moviéndote. Mantén tu automóvil en la carretera. Cárgalo con más potencia. Cuando se agote una carga, coloca otra y sigue adelante. Usa tu inteligencia para mantenerlo fuera de la zanja y avanzarás felizmente hacia el lugar al que quieres ir.

El ejercicio de la voluntad es un placer en sí mismo, incluso cuando se mueve hacia logros difíciles. El mejor y más fino esfuerzo de la voluntad no reside en el sometimiento de los demás, sino en el control de uno mismo y de las circunstancias. La voluntad unifica, ajusta y regula muchos elementos conflictivos en un todo armonioso y bello, obediente a una idea elevada y dominante.

Ninguna persona puede servir a dos amos y ningún organismo puede ser armonioso y perfecto hasta que todas sus partes sirvan a una idea dominante.

En el perfeccionamiento del organismo humano, tanto en la mente como en el cuerpo, rige esta ley. Debe haber un ideal dominante, y el oficio de la voluntad consiste en someter todos los pensamientos, deseos y propósitos a este ideal dominante. Mientras esto no se logre, la casa está dividida contra sí misma, hay contención y discordia en el organismo, falta de paz en la mente y, en consecuencia, dolor y enfermedad en la carne.

Si bien la voluntad no puede destruirse a sí misma, puede utilizar una parte de sí misma contra otra parte, una parte que desea seguir un curso y la otra parte que desea seguir el curso opuesto. Uno de estos dos caminos está de acuerdo con el ideal, y el otro no. El mejor curso no parece atractivo al principio, y requiere un decidido esfuerzo de la voluntad para seguirlo. Esto es bueno para el individuo, porque con el ejercicio de la voluntad se llama a la fuerza, intensificando la vida.

Tener más vida es ascender y alejarse de la debilidad y la enfermedad. Por lo tanto, comprender el uso de la voluntad y ver su unidad con la voluntad universal, ponerla en funcionamiento en obediencia a lo más elevado y mejor que conocemos, es encontrar la renovación de la vida, la salud, la juventud y la felicidad general.

En la postración nerviosa se pierde el interés por todas las cosas, no se desea nada, no se preocupa por nada, no se hace nada, y todo esto indica una disminución de la actividad de la voluntad. Pero debajo de este estado de desinterés, de no desear nada, de no hacer nada, hay realmente un deseo de salir de una condición que bien puede definirse como una muerte en vida. Este deseo es una débil agitación de la voluntad, y debe ser estimulado de todas las maneras posibles. Si el enfermo puede ser inducido a usar la voluntad un poco cada día en el esfuerzo de desterrar de la mente los pensamientos deprimentes y también para superar la tendencia a repetir sus problemas a cada oído simpático, dará el primer paso de la oscuridad a la luz.

Todos los problemas, ya sean mentales o físicos, crecen y aumentan a medida que se piensa en ellos, porque así se crea una atmósfera mental en la que las condiciones enfermas prosperan como malas hierbas. El único camino seguro es arrancar de raíz y desechar los pensamientos enfermizos, para que los pensamientos saludables tengan una oportunidad en el suelo mental.

¿Cuántas veces no te has dado cuenta de que tus temores eran infundados y de que tus aprensiones eran peores que lo que habías previsto cuando sucedió? Y entonces, ¿no te pareció insensato haber pasado noches en vela preocupándote por el futuro, y destrozando las células de los tejidos con tus sombríos temores y presentimientos?

¿Vas a mantener este hábito inútil y dañino hasta que tu salud corporal sea quebrantada, tu aura de pensamiento insana y repelente, y tu rostro esté profundamente arrugado por feos surcos de ansiedad? ¿Vas a hacer esto? ¿O vas a detenerlo ahora y comenzar a utilizar tu voluntad como un factor de salvación? Por qué no te dices a ti mismo:

"Mi voluntad es una con la voluntad universal, la energía que sostiene el mundo. Por esta voluntad todas las cosas son creadas; por lo tanto, puedo usarla para deshacerme de las condiciones que deploro y reemplazarlas con salud, belleza, inteligencia, genio, prosperidad y logros ilimitados. Usaré mi voluntad para estos fines, y para la voluntad educada y activa todas las cosas hermosas y gloriosas son posibles. Nunca olvidaré que mi voluntad está respaldada por la voluntad universal, ese depósito de Energía Inagotable. No perderé más tiempo en vanas quejas y lamentaciones, sino que utilizaré la voluntad creadora para concederme lo que deseo".

CAPÍTULO 10

# ALCANZANDO MAYORES NIVELES DE ENERGÍA

Hace algunos años quedé muy impresionada por un artículo escrito por el profesor William James, de la Universidad de Harvard, en el que hacía algunas declaraciones asombrosas sobre la posible renovación de la energía. En el artículo utilizó el término "Segundo aliento" para denotar un fenómeno en psicología, indicando una ley psíquica.

Es posible que sepas que en los deportes atléticos a menudo sucede que un competidor es superado por la fatiga, incluso al punto de sufrir una gran angustia. La respiración será entrecortada y dolorosa y el estado físico será de agotamiento total, pero si se produce una repentina exaltación, como por ejemplo los vítores que se dan a otro competidor, a veces ocurre algo extraño. El individuo agotado tendrá un segundo aliento, y este segundo aliento será mejor que el primero, porque es un gran impulso de energía y generalmente significa victoria.

Después de observar cuidadosamente este fenómeno, el profesor James llegó a la conclusión de que no solo es posible un segundo aliento, sino un tercero, un cuarto o incluso más.

Ahora bien, para mí esto es muy inspirador, porque confirma lo que he creído durante mucho tiempo, que el ser humano es poseedor de un poder ilimitado. Más allá del límite de la fatiga, donde uno parece completamente agotado, hay niveles más altos de energía esperando ser utilizados, y lo que se necesita para utilizarlos es el filo agudamente apremiante de un propósito persistente, el acto mental de empujar.

En este punto, permíteme hacerte una advertencia. No te aconsejo que empujes más allá del punto de fatiga física hasta que estés preparado mentalmente para ello, porque si lo haces existe el peligro de un colapso total o incluso de la muerte. Primero debes estar completamente convencido de que puedes emplear niveles más altos de energía. Primero debe existir el acto mental de empujar, y debe convertirse en un hábito antes de que puedas intentar con seguridad el empuje físico más allá del punto de fatiga. Debes establecer dentro de ti un propósito firme e invencible de seguir adelante.

El profesor James enumera las diversas exaltaciones que producen el segundo aliento, y me doy cuenta de que en última instancia son pensamientos o emociones. También explica que no es necesario que haya una exaltación externa, que la determinación de seguir adelante a menudo es suficiente. Citaré sus palabras exactas a este respecto:

En ocasiones habituales tenemos la costumbre de detener una ocupación tan pronto como nos encontramos con la primera capa efectiva, por así llamarla, de fatiga. Ya hemos caminado, jugado o trabajado lo suficiente, así que desistimos. Esa cantidad de fatiga es una obstrucción eficaz a este lado de la cual se arroja nuestra vida común. Pero si una necesidad inusual nos obliga a seguir adelante, ocurre algo sorprendente. La fatiga empeora hasta cierto punto crítico, cuando gradual o repentinamente desaparece y estamos más frescos que antes. Es evidente que hemos alcanzado un nivel de energía nuevo, enmascarado hasta entonces por el obstáculo de la fatiga al que solemos obedecer. Puede haber una capa tras otra de esta experiencia. Puede sobrevenir un tercer o cuarto aliento. Este fenómeno se manifiesta tanto en la actividad mental como en la física, y en casos excepcionales podemos encontrar, más allá del extremo de la angustia por fatiga, cantidades de fluidez y poder que nunca soñamos poseer, fuentes de fuerza con las que habitualmente no contábamos en absoluto, porque habitualmente nunca atravesamos la obstrucción, nunca pasamos esos primeros puntos críticos.

El hecho es que utilizamos una capa de energía y pensamos que eso es todo lo que tenemos a nuestro alcance. Nos creemos agotados porque desconocemos las otras capas que podemos usar a voluntad.

## Sanación del Nuevo Pensamiento Simplificada

Cualquiera que sea el objetivo que tengamos en mente, ya sea la salud o cualquier otra meta del esfuerzo humano, somos demasiado propensos a dejar que el obstáculo de la fatiga "nos derribe", aunque un nivel tras otro de energía superior esté esperando a ser aprovechado cuando empujamos mentalmente más allá del punto de fatiga. Nótese que digo "mentalmente", no físicamente, hasta que estés preparado mentalmente.

Estar preparado mentalmente es estar absolutamente seguro de tu unidad con la energía universal o la sustancia Divina. Estar igualmente seguro de que estás fluyendo continuamente como una corriente de vida desde esa sustancia hacia el mundo exterior. También estar seguro de que puedes aprovechar o liberar dentro de ti más energía cuando una reserva de ella se agota.

Puedes estar tan agotado físicamente que mover un músculo te parezca imposible, o puedes estar agotado mentalmente y en la amarga angustia de la desesperación, pero la persistente voluntad de seguir adelante tocará el nivel más alto de energía, produciendo el glorioso "segundo aliento" y convirtiendo la vida en una canción de triunfo.

Si estás enfermo, la energía para combatir la enfermedad se ha agotado y necesitas recurrir a un nivel espiritual superior. Entonces, la enfermedad desaparecerá y la maquinaria de tu cuerpo funcionará sin problemas, sin obstrucciones ni obstáculos.

Si tu problema es una cuestión de adversidad, de decepción, de lo que llamamos mala suerte, la misma regla es válida. Simplemente, has llegado a tu obstáculo de fatiga, y cuanta más angustia sientas, más cerca estarás de tu "segundo aliento". Ahora es el momento de todos los tiempos para que alcances el éxito aprovechando un nivel superior de energía. Ahora es tu gran oportunidad. No te rindas en vísperas de la victoria, sigue adelante.

El fisiólogo te dirá que el cuerpo está limitado por ciertas leyes, que su fuerza no puede exceder la calidad de su músculo y el estímulo nervioso. ¿Por qué entonces un pequeño y endeble sujeto puede realizar hazañas de la fuerza de un Hércules cuando está bajo el poder de la sugestión hipnótica? El mismo fisiólogo te dirá que, aunque sea posible un segundo, tercer o cuarto aliento, existe un límite final de fatiga más allá del cual el esfuerzo corporal no puede pasar. Yo lo niego por principios generales, porque no está confirmado por hechos ni por experiencias vividas, y porque veo con el ojo del psicólogo que ve poderes desconocidos para el fisiólogo. La psicología está barriendo los antiguos límites de la fisiología, y esto se demuestra por los experimentos de hipnotismo. Yo no apoyo el hipnotismo como agente curativo, pero le atribuyo el mérito de añadir mucho a nuestro conocimiento de muchos poderes hasta ahora no descubiertos, y de mostrar que el horizonte de lo imposible se aleja siempre que avanzamos sobre él. Deja que tu línea límite de creencia, que separa lo posible de lo imposible, sea para ti como la línea del horizonte, que en realidad no es ninguna línea. Es simplemente donde se detiene tu vista, y depende del punto donde te encuentres. Avanza y tu horizonte se moverá contigo, mostrando un más allá antes no visible.

Quizás alguien te diga que tus ideales son imposibles de realizar. Esto también lo niego, porque sé más allá de toda duda que no hay nada que tu mente pueda crear o que tu corazón anhele que sea imposible. Lo imposible es solo aquello que no alcanzas al detenerte en el punto de fatiga porque tu mente está cansada de esperar y esperar y se detiene antes del "segundo aliento". El simple hecho de saber que existen niveles superiores de energía y que pueden aprovecharse, te estimulará a seguir adelante y aprovecharlos. Esa ha sido mi experiencia, y por lo que sé de las características humanas universales, creo que también será tu experiencia.

En ocasiones, el dolor físico es el medio que nos empuja a aprovechar niveles de energía más elevados. La evolución, aunque siempre bondadosa, es a menudo aparentemente cruel, sacándonos de ciertas condiciones con el látigo, como se saca a los caballos de un establo en llamas, administrando el dolor menor para poder escapar del dolor mayor.

Un médico de Washington me habló de una paciente suya que estaba postrada en cama y parecía incapaz de salir de ella, aunque sin ninguna discapacidad orgánica que él pudiera descubrir. Todos los órganos eran normales y funcionaban correctamente, pero, aun así, la paciente estaba postrada en cama. Después de agotar todos los remedios a su alcance, el médico optó por un tratamiento psicológico, y muy severo: prender fuego a la cama. La mujer no se movió hasta que una lengua de fuego saltó y le quemó la mano, entonces, con un grito de terror, saltó de la cama y huyó de la habitación. La curación no fue solo momentánea, sino permanente.

En mayor o menor medida, todos caemos en estados letárgicos donde los ideales no consiguen despertarnos a la acción, y es entonces cuando el dolor, con latigazo punzante, nos saca de nuestro letargo, el letargo que conduce a la muerte. Huimos de nuestros lechos ardientes en la angustia del miedo, pero en esa huida encontramos la renovación de la vida, de la energía, de la esperanza y de la alegría.

Nosotros, los del Nuevo Pensamiento, podemos aprovechar niveles superiores de energía poniendo en práctica los principios en los que creemos. Sabemos que en realidad somos uno con la energía eterna, así como el rayo es uno con el sol. Por lo tanto, la energía eterna es nuestra para manifestarla. No podría ser de otra manera. El rayo es de la sustancia del sol y manifiesta el sol.

Naturalmente, no podemos usar toda la energía eterna a la vez, porque eso sería desproporcionado para nuestras necesidades. No queremos una avalancha de poder, sino lo suficiente para nuestro propósito en el momento.

Para utilizar una ilustración práctica: nosotros somos como tuberías o canales que transportan energía desde su centro Divino hasta su circunferencia humana. Las tuberías limitan o estrechan la energía a su propia capacidad, pero al estrecharla, la enfocan para un uso definido. La electricidad que flota libremente en el espacio no puede iluminar nuestras casas, hacer funcionar nuestros autos o hacer girar las ruedas de la actividad mundial. Para hacer esto, debe estrecharse, enfocarse o confinarse a los límites de un pequeño cable.

En nuestro ser espiritual interior somos esta misma energía, y como la electricidad flotando libremente en el espacio, mientras que nuestro ser externo funcional puede compararse con las tuberías, cables o conductores de energía.

Recuerda esta distinción, porque es muy importante. Es como si el rayo le dijera al sol: "Estoy contigo en el centro de la sustancia, pero salgo de esa sustancia a las actividades de la luz y el calor".

Al principio aprovechamos la energía a un nivel bajo, luego a niveles cada vez más altos, a medida que nos elevamos a planos superiores de pensamiento y de vida.

Por lo tanto, es cierto que en la actualidad no podemos formarnos una concepción adecuada de los grandes y maravillosos logros que alcanzaremos a medida que ascendamos en la escala del Ser. Es una progresión sin fin hacia estados mejores.

Un segundo aliento puede llegar a ti de diversas maneras, pero nunca sin el empuje o el esfuerzo de tu propia mente, respaldada por el espíritu. Ese empuje nunca es tan eficaz como cuando presionas contra una obstrucción, contra la mala salud, la adversidad y el entorno infeliz. Justo ahí te encuentras con tu obstáculo de fatiga, que es realmente la fuente del segundo aliento, pues solo mediante la superación de grandes obstáculos obtienes el segundo aliento.

Como acabo de decir, un segundo aliento puede llegar a ti de diversas formas. Por ejemplo, puede producirse una mejora repentina e inexplicable en tus asuntos, o en tu salud, o en tu paz mental, o en tu energía de realización. Es posible que tu mundo haya estado al revés y en caos, cuando de repente todo se arregla y tal como lo deseabas. Este es el resultado exacto de tu empuje mental, en lugar del golpe de buena suerte como te inclinas a llamarlo. Ese empujón mental ha alcanzado un nivel de energía y, en consecuencia, un segundo aliento ha soplado sobre tu mundo, dándole la vuelta. Menciono esto porque, de lo contrario, es posible que no reconozcas el evento como atribuible a un segundo aliento. Comprenderás mejor cómo puede ser esto cuando te des cuenta de que un segundo aliento es un poder o influencia espiritual, actuando inteligentemente para la humanidad, cuando la humanidad obedece su ley.

Por tanto, descubro que en realidad eres un gigante encadenado. Un gigante en tu Divinidad, pero atado por cadenas de creencias erróneas. Estás autohipnotizado en ideas de limitación. Estás autohipnotizado en la creencia en tu separación de Dios. Tu estado puede compararse con un sueño en el que intentas moverte y no puedes; un sueño despierto, similar a los que tienes cuando duermes. El gigante Gulliver, cuando estaba atado por las frágiles cuerdas de los liliputienses, fácilmente podría haber roto sus ataduras, pero imaginándose a sí mismo sujeto por ellas no hizo ningún esfuerzo por liberarse. Ese es exactamente tu estado.

¿Te das cuenta lo que significa ser un rayo que fluye desde la energía Divina? No, por supuesto que no, porque si lo hicieras, sabrías que podrías romper tus cadenas y ya no serías retenido por ellas.

Nunca estarás completamente curado de tu enfermedad y debilidad hasta que descubras tu poder. Cuando digo que estás autohipnotizado en ideas de limitación, explicaré lo que quiero decir dirigiendo tu atención al estado de alguien que está hipnotizado por otra mente para pensar que no puede abrir los ojos cuando están cerrados, o mover la mano o el pie. Está prácticamente paralizado por el efecto de la otra mente que actúa sobre él, de modo que realmente no puede abrir los ojos ni mover la mano o el pie. Hasta que la impresión es eliminada de su mente, permanece paralizado, aunque sus nervios y músculos son capaces de actuar perfectamente.

De esa manera, las falsas creencias del mundo impresionan la mente individual, y la sanación del Nuevo Pensamiento es la remoción de la falsa impresión o creencia, liberando así al gigante que está encadenado.

Te resultará útil imaginarte a ti mismo como un gigante encadenado, porque eso es lo que eres en realidad, y tus cadenas, aparentemente pesadas, no son más que telarañas comparadas con tu fuerza para romperlas cuando el gigante que llevas dentro llegue a conocerse a sí mismo y a su poder divino. Puedes revestir el pensamiento, si quieres, con las siguientes palabras sencillas:

> Yo soy un gigante encadenado, pero mis cadenas son solo telarañas. Todo el poder es mío gracias a mi Divinidad. Yo fluyo continuamente de Dios como el rayo fluye del sol, y como el rayo lleva

consigo la energía del sol, así yo llevo conmigo la energía de Dios.

Tus músculos están cansados debido a tu falsa creencia acerca de ti mismo, una creencia de que solo se te da una cierta cantidad de energía y nada más, mientras que, en verdad, hay un flujo continuo de energía a través de tus músculos, si tan solo te dieras cuenta de la verdad acerca de ti mismo. Pero no puedes realizar esta verdad de una vez, y hasta que lo hagas, el sueño y el descanso son esenciales en tu vida como períodos para reunir y almacenar nueva energía. La razón por la que encuentras que el sueño es revitalizante se debe a que entonces la mente consciente libera su control sobre el subconsciente y le permite seguir su tendencia natural, que es abrirse a la Energía-Dios y dejarla fluir sin obstrucciones ni obstáculos.

A medida que crecemos cada vez más en la Verdad del Ser, no nos cansamos como antes y necesitamos dormir menos. No entramos en condiciones nuevas y mejores al instante, sino que crecemos hacia ellas imperceptiblemente, hasta que, de repente, viene el avivamiento, como ocurre con todo crecimiento embrionario, y el avivamiento es seguido por el nuevo nacimiento a una vida más elevada y fuerte en esta tierra y en este cuerpo.

A veces, la liberación de la fuerza se produce repentinamente, como en el caso de un hombre que estaba tan incapacitado por el reumatismo que prácticamente no podía hacer nada. Había que vestirle y desvestirle, e incluso darle de comer, porque no podía usar las manos. Un domingo por la noche, después de desvestir y acostar a este hombre aparentemente desvalido, toda la familia fue a la iglesia. Durante su ausencia, la casa comenzó a incendiarse y nadie respondió a sus gritos de auxilio. Las llamas crecían cada vez más, y el terror del pobre hombre se hizo cada vez más intenso, hasta que, con una repentina oleada de fuerza, saltó de la cama, sacó todo de los cajones de la cómoda y, llenando una sábana con sus pertenencias, se echó el gran fardo al hombro y corrió escaleras abajo hacia la calle.

Sus músculos habían estado presos por la creencia del reumatismo, pero cuando su mente se llenó hasta rebosar del miedo al fuego, la creencia en el reumatismo fue desplazada y no encontró ni un rincón ni una esquina donde esconderse. Las cadenas de la creencia se rompieron y el gigante quedó libre. Como puedes ver, las cadenas eran esencialmente mentales y se rompieron con el pensamiento. El hombre pensó que moriría quemado a menos que lograra salir de la casa en llamas, y el pensamiento de escapar inundó sus músculos con la energía para actuar.

Anteriormente, en este capítulo, mencioné un incidente similar, pero los dos casos diferían en que el primero era una parálisis mental, mientras que el segundo era una afección física, pero ambos cedieron al poder del pensamiento.

La evolución está trabajando contigo para desencadenar al gigante interior. Las cadenas se están debilitando en algunos puntos y finalmente cederán.

¿Es más difícil creer que tienes un gigante dentro de ti que creer que en una diminuta bellota se esconde el poderoso roble, el gigante del bosque? Se dan las condiciones adecuadas y el roble rompe sus ataduras, el gigante rompe sus cadenas.

El ser espiritual real, hecho a la imagen de Dios, es el gigante interior. Es el ser antes de su caída en la materia y las ilusiones que la acompañan. Los procesos de involución y evolución exigen que este gigante se enrede en las ilusiones de la materia, así como el roble se aprisiona en la bellota. El gigante debe estar atado de pies y manos con sus cadenas hasta cierto tiempo, y luego se pondrá a trabajar para liberarse. Por alguna razón, esta es una experiencia necesaria. Aún desconocemos en gran medida el por qué y el para qué. Solo sabemos que así es el proceso. No sabemos por qué una semilla tiene que germinar bajo el peso de la tierra oscura, en lugar de hacerlo en la luz y al aire, pero nuestra falta de conocimiento a este respecto no obstaculiza ni altera el hecho.

Lo que sí sabemos es que esa es la ley y actuamos de conformidad con ella, poniendo nuestras semillas en la tierra con fe en que es lo que hay que hacer, y obteniendo nuestros resultados.

Todas las manifestaciones de una fuerza inusual o de poderes hasta ahora desconocidos, como la sanación de enfermos, un gran genio en la literatura, el arte o la invención, provienen del gigante interior, que por el momento se ha liberado de sus ataduras y está extendiendo su brazo hacia el mundo como profecía de una manifestación más plena en el futuro.

Las pruebas y dificultades que encuentres en tu camino no son leones que buscan devorarte, sino amables ángeles que vienen a luchar contigo para dejarte una bendición. Son un desafío amistoso al gigante interior para que salga y pruebe su fuerza. El segundo aliento es el aliento del gigante interior, el aliento del Espíritu.

CAPÍTULO 11

# PRINCIPIOS PARA LA SANACIÓN

No puedes aprender a sanar mediante el uso de una regla o fórmula establecida, porque el poder curativo solo llega a aquellos que elevan el pensamiento a un estado superior de conciencia. Una de las primeras ayudas es el reconocimiento de la *Movilidad de la Materia*. Debes convencerte de que la materia es móvil y plástica al movimiento del Espíritu. Los ocultistas siempre han creído en la movilidad de la materia, y ahora la ciencia física está confirmando esa creencia. Nos ha demostrado que la materia, reducida a su mínima expresión, es una agregación o ensamblaje de "electrones" o "iones", partículas tan pequeñas y tan eléctricas que resultan infinitamente plásticas. Estos "electrones" o "iones" se combinan para formar átomos o moléculas, y están siempre en un torbellino de movimiento vorticular.

Una masa de piedra, aunque aparentemente fija y sólida, en realidad está en constante agitación dentro de sí misma, esta agitación es causada por el torbellino vorticular de sus partículas constituyentes. Al no percibir este movimiento, pensamos que la piedra es una masa sólida de materia inanimada. Nunca ha habido una idea más equivocada. El Dr. Paul Gibier, del Instituto Pasteur, dice muy acertadamente:

Las apariencias generales nos engañan sin cesar. Y así, conociendo como sabemos la imperfección y poca fiabilidad de nuestros sentidos, podemos avanzar como una especie de axioma que la ilusión más fuerte es lo que llamamos realidad.

Por supuesto, el Dr. Gibier no se refiere a la realidad en sí, sino a lo que percibimos como realidad a través de nuestros sentidos. Si pudiéramos ver, en lugar de la ilusión sensorial, el estado real de la piedra, la agitación constante, el torbellino vorticular, sabríamos que la actividad de sus electrones está estrechamente relacionada con las vibraciones de la mente en su finura y sutileza de movimiento. Entonces, no nos parecería imposible afectar siquiera a una piedra por la acción de la mente sobre ella. Al ver esta verdad acerca de la mente y la materia, deberíamos saber con certeza que la mente puede cambiar los electrones del cuerpo, incluso su estructura ósea, pues el hueso tiene mayor plasticidad que una piedra.

Dios manifiesta su Espíritu en esta tierra a través de la materia, y solo es cognoscible para nosotros en términos de tiempo y espacio. Los pensamientos tienen forma y, por tanto, son materia, porque el Espíritu mismo no tiene forma, aunque anima las formas. El Espíritu organiza la materia en formas tanto superiores como inferiores. Los pensamientos son formas superiores de materia y dominan las formas inferiores.

A medida que llamamos al Espíritu a manifestarse en nuestros pensamientos, mayor es nuestro control sobre las cosas materiales. Así fue como Jesús caminó sobre las aguas, curó a los enfermos, resucitó a los muertos, convirtió el agua en vino y calmó la tempestad. Así realizó todos sus milagros.

El ser humano ha aprendido a hacer que la materia actúe sobre la materia por medios mecánicos, pero ahora está aprendiendo una ley superior por la cual el Espíritu, a través de la mente, actúa directamente sobre la materia sin intervención mecánica, cambiando su forma, anulando su destructividad, aumentando su constructividad y haciéndola totalmente obediente al mandato espiritual.

Están sucediendo muchas cosas extrañas que revolucionan nuestras falsas creencias sobre la materia. Hace algún tiempo, un joven maquinista en Massachusetts atrajo la atención de los científicos, entre ellos el profesor James, de la Universidad de Harvard, por algunas proezas tan notables como sumergir su cara, manos y brazos en alcohol ardiente, sin que le saliera una ampolla ni sufriera la menor molestia. También desmaterializó su cuerpo y se hizo invisible para los que estaban en la habitación con él durante unos cuarenta segundos. Quienes lo observaron dijeron que parecía disolverse en el aire hasta hacerse completamente invisible, y luego volvió a su forma natural. Estas pruebas se realizaron bajo las más estrictas condiciones para evitar errores o fraudes. El joven parecía estar en un estado pasivo y dijo que no pensaba en nada en particular. Esto indicaría que no ejercía ningún control consciente sobre la materia. Lo más probable es que un poder subconsciente saliera a la superficie y se impusiera, independientemente de la voluntad consciente, con el propósito de llamar la atención del mundo y estimularlo a aprender la ley que regula el fenómeno, lo cual, si es cierto, y está bien avalado, nos abre una amplia gama de perspectivas.

Vista así, la materia no presenta el frente impenetrable que con demasiada frecuencia consterna al sanador del Nuevo Pensamiento, porque, como los muros de Jericó, está lista para derrumbarse ante el llamado de la trompeta del profeta del Nuevo Pensamiento —La materia es siempre plástica y el espíritu irresistible.

Otra ayuda para la sanación es:

El Poder Mágico del Sueño.

La magia no es algo extraño o antinatural. No es más que una actividad basada en una ley que generalmente no se entiende. El poder mágico del sueño se debe a una ley de la mente subconsciente, por la cual pone en práctica las sugestiones que le da la mente consciente, y lo hace con mayor eficacia durante el sueño, por razones que explicaré más adelante.

Una gran máquina puede ponerse en movimiento tocando con un dedo una palanca de control. El subconsciente es como el motor y el consciente es como el dedo que toca la palanca, dando impulso a la acción. Este impulso en sí mismo parece leve e insignificante, pero es muy importante e incluso realmente necesario para iniciar el movimiento deseado, ya sea en el motor o en el subconsciente, y es la causa directa del movimiento y sus resultados.

Esta es una ilustración bastante buena de lo que ocurre en el sueño, debido al impulso dado por el consciente al subconsciente. Es un hecho conocido por la psicología que se pueden dar sugestiones al subconsciente de tal manera que sean ejecutadas por él en el más mínimo detalle. Las sugestiones para la salud, las sugestiones para el éxito y la prosperidad, y las sugestiones para la felicidad, todas pueden hacerse al subconsciente, el cual las realizará en la vida de la persona. De esta manera, puedes ayudarte a ti mismo y a los demás a realizar lo que deseas para ti o para ellos.

Al darte estas sugestiones a ti mismo, un proceso que se llama autosugestión, debes hacerlas justo antes de dormir, e incluso si te duermes antes de terminar tu sugestión, tanto mejor, porque el subconsciente puede captar la mitad de una sugestión y actuar sobre ella, así de grande es su inteligencia.

La razón por la cual el subconsciente actúa con más fuerza mientras duermes es porque no se ve obstaculizado ni obstruido por las dudas de la mente consciente, ya que la duda es el principal enemigo del éxito en la realización.

Una sugerencia muy buena para hacer al Subconsciente es la siguiente:

Yo deseo estar convencido de mi unidad con la sustancia Divina, y saber que procedo continuamente de ella en una corriente de vida, y sabiendo esto, deseo estar libre de miedo, libre de preocupación, libre de ansiedad, libre de depresión, que mis días puedan ser serenos y felices. Deseo una realización cada vez mayor de la fuerza y el dominio, de modo que cualquier prueba que se me presente, pueda mirarla desde las alturas espirituales, sabiendo que tengo el poder para controlarla o alterarla.

Cualquier otro deseo que puedas tener, ponlo en tus propias palabras y dáselo al subconsciente para que lo trabaje por ti, como colocarías una semilla en la tierra y la dejaras en manos de la naturaleza para que germine. Tú solo puedes colocarla en la tierra. No puedes hacer que la semilla se abra y empuje hacia arriba. Eso está más allá de tu esfuerzo personal. Lo mismo ocurre con las semillas de sugestión que siembras en el subconsciente.

Otro principio básico para la sanación es la comprensión del:

Movimiento Imperceptible.

Los estudiantes y los pacientes a menudo se desaniman porque durante un tiempo no perciben ningún efecto positivo del estudio o del tratamiento. Entonces, se les debe animar enseñándoles algunos hechos relacionados con el movimiento imperceptible. Hay que recordarles el movimiento constante de nuestro cuerpo, del que no somos conscientes. Por ejemplo, ¿qué sabemos de la rápida circulación de la sangre por las venas y arterias? ¿Qué sabemos de la constante actividad en la construcción de los tejidos corporales? Las células se desintegran y se construyen otras nuevas, pero esto es imperceptible para nosotros. ¿Qué sabemos del proceso digestivo? Excepto por la desagradable sensación de una digestión lenta, y eso no es tanto una actividad sino su paralización. Muchos de los movimientos corporales pueden transformarse completamente sin que nos demos cuenta, hasta que más tarde notamos una mejoría en la salud.

Los pacientes a veces interrumpen el tratamiento mientras toda esta maravillosa actividad recuperadora está ocurriendo imperceptiblemente en su interior, y cuando el tratamiento se interrumpe de esta manera, el resultado exterior nunca se manifiesta, y el paciente piensa erróneamente que el tratamiento no ha tenido ningún efecto, mientras que sí ha tenido efecto, pero solo interiormente.

La acción del pensamiento es imperceptible; de ahí que nos resulte difícil darnos cuenta de que es una fuerza. En el inmenso tramo del subconsciente siempre hay un movimiento que es imperceptible. No vemos ni sentimos el pensamiento cuando sale a traernos lo nuestro, o realiza su misión de sanación, y hay grandes poderes trabajando dentro de nosotros de los cuales la mente consciente no se da cuenta.

Estamos de pie sobre una tierra aparentemente tranquila y estacionaria, sin embargo, estamos volando por el espacio con una velocidad increíble, dando volteretas al mismo tiempo, pero este movimiento es imperceptible para nosotros. ¿Te resulta difícil creer que otro movimiento puede ser igualmente imperceptible, y que la apariencia de inacción puede ser tan ilusoria como la de la tierra que parece inmóvil?

Cuando te sientas inclinado a sentirte desanimado, recuerda que tu pensamiento consciente controla el movimiento imperceptible de tu cuerpo. La depresión y el desánimo tienen un efecto negativo sobre este movimiento, mientras que la esperanza y el valor tienen un efecto positivo y estimulan la recuperación.

Para animarte, repetiré algo a lo cual aludí en un capítulo anterior.

El profesor Bose, de la Universidad de Calcuta, al experimentar con la vida de las plantas, construyó un ingenioso instrumento con el que podía medir su crecimiento, aunque el proceso, como sabes, es imperceptible a la vista. Nosotros notamos que una planta ha crecido, pero no la vemos en el acto de crecimiento, porque la extensión es tan infinitesimal en ese instante, que está más allá de nuestra percepción. Pero, como ya he dicho, el profesor Bose consiguió realizar una medición por medio del instrumento que fabricó a tal efecto, y esto es lo que descubrió.

Una planta crece hacia arriba durante cinco segundos y luego se encoge hacia abajo durante cinco segundos. Después permanece inmóvil durante diez segundos, tras los cuales vuelve a crecer y repite el proceso descrito.

Al encogerse hacia abajo, su movimiento es más lento que al empujar hacia arriba y, por lo tanto, en los cinco segundos de encogimiento no desciende exactamente hasta el punto en el que comenzó. Si lo hiciera, por supuesto, no habría aumento de altura. Con cada empuje hacia arriba gana algo sobre la cantidad de contracción, y esta ganancia constituye la medida exacta de su crecimiento al final de los veinte segundos dedicados a empujar hacia arriba, encogerse hacia abajo y permanecer inmóvil. Todo este movimiento es imperceptible para nosotros, sin embargo, después de un tiempo decimos: "¡Cómo ha crecido esa planta!".

Siempre hemos supuesto que las plantas crecían hacia arriba, sin imaginar nunca que se encogían hacia abajo e incluso dejaban de crecer por completo durante un tiempo. No obstante, podríamos haber conocido la verdad sobre su forma de crecimiento si hubiéramos razonado en la línea de principios generales, pues sabemos que la ley del Ritmo regula todo movimiento. Por lo tanto, el movimiento del crecimiento no puede escapar a ella.

Descubrí hace mucho tiempo la operación de esta ley en el crecimiento mental y espiritual, y la mencioné en mis escritos, diciendo que el pensamiento curativo llevaba a los átomos del cuerpo de un paciente a un nuevo ajuste, y luego la inercia de los átomos los devolvía a su antiguo ajuste malsano. Luego, si se continuaba el tratamiento, el pensamiento curativo volvía a llevar los átomos a la posición de salud, y nuevamente la inercia los llevaba al estado de degeneración y enfermedad. Pero, finalmente, si el tratamiento continuaba, el giro hacia la salud se volvía tan categórico y fuerte que vencía la tendencia a retroceder hacia condiciones negativas. Sabía que esto era cierto, y ahora lo confirman las investigaciones de la ciencia física.

Observa que el periodo sin esfuerzo de la planta dura tanto como su empuje hacia arriba y su tirón hacia abajo juntos. También observa que la planta emplea tres veces más segundos en encogerse hacia abajo y permanecer estática que los que dedica a empujar hacia arriba. En total se dan veinte segundos a una ronda y solo cinco segundos de ese tiempo se dan al empuje hacia arriba. Si tu tiempo de retroceso y de inacción te parece largo, a la planta le ocurre lo mismo, sin embargo, a pesar de ello, crece hacia arriba y tú también lo harás. Cuando digo: "Crecerás hacia arriba", me refiero a que avanzarás mentalmente hacia planos del Ser que son elevados y positivos a la debilidad y la enfermedad, y de esa manera los superarás, es decir, crecerás por encima de ellos.

La planta no sabe lo suficiente como para razonar, dudar y preocuparse por su forma de crecer. Simplemente, obedece la ley de manera inconsciente y al hacerlo gana y crece, a pesar de los retrocesos y las paradas.

El individuo se encuentra ahora en la era del crecimiento consciente y puede promover u obstaculizar su avance por la naturaleza y la forma de su pensamiento. Está aprendiendo rápidamente la ley del crecimiento y empezando a utilizarla para acelerar su progreso. A medida que aprenda más sobre esta ley se dará cuenta de que retroceder ante el logro no significa que, en última instancia, no vaya a alcanzar su objetivo. Tampoco un largo período de "no hacer nada" o de "no llegar a ninguna parte" invalida el resultado final beneficioso. Si, en lugar de considerar esos momentos como periodos de depresión y desánimo, los toma como periodos de "almacenamiento de energía", sabrá lo que realmente son, aumentará su receptividad a los flujos de energía y podrá hacer mucho más gracias al periodo de inmovilidad.

Otro principio para la sanación es:

El Poderoso Logos.

Esto significa la palabra hablada. La vibración creativa que te enseña el Nuevo Pensamiento es un maravilloso Poder que te ayuda a alcanzar la salud, la felicidad y el bienestar.

Dios crea por medio de la Palabra. Mucho antes de que la raza humana llegara a existir, Dios habló a través de los Elohim, que eran seres espirituales elevados, diciendo: "¡Hágase la Luz!" y la luz se hizo. Los Elohim actuaban como el Logos, pronunciando la Palabra directamente a la materia primigenia y la Palabra fue creadora. Actuó sobre la materia y produjo luz. Así también, hoy, tu Palabra es creadora. Tanto ahora como antes, la materia es obediente a la Palabra, como cera plástica a sus vibraciones.

Por eso, al pronunciar la Palabra de salud a los átomos desajustados en el cuerpo, debes estar seguro de que, debido a su obediencia al Logos, impuesta por la ley, deben adoptar una nueva polarización según tu mandato.

¿Piensas que esto es un misterio? Comparémoslo con otro misterio, el de la voz al cantar. ¿Cómo se produce un tono? Supongamos que desea cantar el Do central. Este tono se obtiene alterando el aire a razón de 128 vibraciones por segundo. ¿O un Re medio? Esto requiere 144 vibraciones por segundo. El Mi medio requiere 160 vibraciones por segundo, y así sucesivamente en la escala. Pero cuando cantas estos tonos no tienes nada que ver con el número de vibraciones que pones en movimiento, y no necesitas conocerlas, como tampoco lo hace un pájaro en su canto.

Entonces, ¿qué se necesita para producir estos y otros tonos? Simplemente, necesitas pensamiento y voluntad para producir un tono, y este impulso acelera a los órganos vocales y los hace vibrar, alterando el aire en la proporción exacta exigida por el tono.

Estos intrincados cambios en los órganos vocales en la producción de varios tonos tienen lugar en respuesta a una orden de tu pensamiento y voluntad. Das la orden y la mente universal ve que se ejecute.

Tú tienes el mismo poder sobre el movimiento molecular en tu cuerpo. Solo tienes que pronunciar la palabra y se cumplirá como en la producción del tono.

Recuerda cómo se hace un tono musical y luego, según el mismo principio, piensa y desea que las moléculas del cuerpo giren hacia el patrón de la salud, y obedecerán tu palabra, que es la palabra de Dios.

Habla el Logos y las moléculas obedecerán. Asimismo, pronuncia la palabra a las circunstancias y también obedecerán. Dios canta a través de ti. Él también hablará a través de ti.

CAPÍTULO 12

# EL NUEVO PENSAMIENTO CONDUCE A LA FELICIDAD

En su esfuerzo por alejarse de una conciencia demasiado vívida de las cosas materiales, algunos escritores del Nuevo Pensamiento están inclinados a menospreciar o ignorar totalmente el papel del mundo externo en la evolución de la vida espiritual. Olvidan que, si no fuera por el estímulo externo, la expresión inteligente sería imposible. Aparta a un niño de todo lo que actúa sobre sus sentidos y su vida en este plano se extingue. Enciérralo parcialmente y, en proporción a su reclusión, carecerá de expresión. Necesitamos este contacto o impacto del exterior para hacer surgir lo que está dentro de nosotros. Como dice Emerson:

Estamos ante el secreto del mundo, allí donde el Ser pasa a la apariencia y la Unidad a la variedad.

Ese es el lugar donde el secreto se despliega ante nosotros, el lugar donde el Ser pasa a la apariencia y la Unidad a la variedad.

Estar donde solo vemos el Ser y la Unidad, o solo la apariencia y la variedad, es permanecer lejos y no estar presente en la revelación del secreto.

Nosotros, que conocemos el secreto, vemos todo el Ser como Uno, pero también vemos ese Uno como el continente o contenedor de los muchos, la fuente de los muchos, el proyector de los muchos.

Esta es realmente la verdad primordial o básica sobre la cual descansan todas las demás verdades como en un fundamento seguro. Cuando la mente sostiene esta verdad, está preparada para construir sobre ella. Puede ver un Todo perfecto, un Bien perfecto, no importa cuán imperfecta, incompleta y aparentemente mala sea la apariencia.

Como estudiante del Nuevo Pensamiento, se te pide que reconozcas que Todo es Bueno, pero dices: "¿Cómo puedo hacerlo, cuando veo claramente que una parte del Todo es Mala?"

Ahora estás mirando la apariencia y no al Ser mismo. ¿No puedes imaginar un estado de luz blanca y pura en el que no hay sombra? Eso es el Ser, la "luz que nunca brilló en la tierra o el mar". Cuando brilla en la tierra o el mar, se convierte en apariencia, y entonces se divide en luz y oscuridad, y la oscuridad es el mal, o la apariencia del mismo. A menudo, la luz parece casi sumergida en oscuras tinieblas, pero la luz brilla cada vez más, hasta el día perfecto. De la oscuridad a la luz es la evolución del individuo; de la oscuridad de la ignorancia a la luz de la inteligencia, de la oscuridad del odio a la luz del amor, de la oscuridad de la desesperación a la luz de la esperanza, de la oscuridad de la tristeza a la luz de la alegría. Esta evolución a la luz desde la oscuridad sigue el plan de la creación cuando Dios dijo: "Hágase la luz". Esas palabras vienen resonando a través de los tiempos y el mandato sigue siendo: "Hágase la luz". En la verdadera vida no hay pobreza, enfermedad, ni infelicidad. Son solo sombras de la "aparente vida", y cuando aparece la verdadera vida, estas sombras huyen.

Vedanta tiene una hermosa enseñanza de que el ser o la conciencia central es dicha pura, y yo creo que es absolutamente cierto. Swami Abhedananda dice:

> La verdadera vida, el ser o la dicha está más allá del tiempo y el espacio y no está limitado por condiciones de ningún tipo.

También dice:

> La desdicha consiste en la idea de separación de la parte del todo, y en las ataduras de otras imperfecciones que surgen de esta noción errónea de aislamiento individual. Estar unido al Todo, estar libre de las ataduras de estas imperfecciones y ser perfecto, es la dicha.

El Nuevo Pensamiento le está demostrando al individuo que no está separado de la totalidad del Ser, sino que es uno con él y hereda su poder y perfección.

Levanta tu mano con los dedos extendidos y la palma hacia ti, y verás lo que significa ser uno con el Todo. Dejemos que la palma represente el Ser y los dedos las expresiones externas de ese Ser. De la palma salen los dedos y su vida procede de la palma. Corta la conexión y los dedos morirán porque han sido cortados de la fuente de su vida. Tú eres un dedo en la palma del Ser y eres uno con él. El Todo viviente es la suma de sus partes vivientes, así que eres uno con el Todo.

Se acerca el día, si no es ahora, en el que te verás a ti mismo como un continuo proceder del Padre, y naciendo de nuevo de momento en momento, a medida que una nueva vida fluye a través de ti. Es en este sentido que eres hijo de Dios, y no en el sentido de un niño separado del cuerpo paterno. El océano da de sí mismo a su salida y el sol da de sí mismo a su rayo. Así es como Dios, el Padre, se da a sí mismo a sus hijos mediante un flujo continuo. El único corte o bloqueo que puede haber de este influjo es el no reconocimiento de esta verdad. Solo estamos parcialmente despiertos con respecto a nosotros mismos, pero se acerca un despertar más pleno, con el que vendrá un mayor influjo de vida.

Dios se entrega a sus hijos sin perder su propia sustancia porque es infinita e inagotable y, además, ya que Dios y el ser humano son de una sola sustancia, esa sustancia simplemente pasa del Centro (Dios) a la circunferencia (humano), y no se pierde en el paso.

## Dios se da en Opulencia a sus Hijos.

Debido a que Dios es el contenedor de todo lo que se expresa en el universo, él debe ser la opulencia misma, y puede decir verdaderamente: "Mío es el ganado sobre mil colinas" porque "Mío es el mundo y su plenitud". El poder creador que te ha hecho y te está haciendo continuamente, también colocó vastas reservas de oro en las minas para el uso de sus hijos, y le dio a cada uno de ellos una lámpara de Aladino, que es realmente el poder de la demanda. El frote de esta lámpara, que hace que los deseos de uno se cumplan, es la acción de la mente al afirmar la demanda. Entonces, cada hijo tiene la habilidad de cooperar con la lámpara usando la mano y el cerebro para darle al mundo un equivalente justo por su parte del oro de la mina. Este sería un mundo realmente pobre, un mundo de mendigos, si las cosas que deseamos pudieran obtenerse solo con pedirlas, porque como Channing sabiamente dijo:

> Si el ser humano pudiera vivir solo de bellotas, recogería su provisión, se recostaría bajo un árbol hasta que su previsión se agotara, entonces recogería más bellotas y volvería a recostarse.

La inteligencia universal sabe que el individuo requiere un estímulo para el esfuerzo y lo llena de multitud de deseos, haciéndole trabajar para realizarlos.

Sin embargo, a menudo el mejor trabajo no trae su equivalente en oro, y ahí es donde la lámpara de Aladino del Nuevo Pensamiento nos ayuda a obtener nuestra justa recompensa. Saber que somos uno con Dios, por lo tanto, nuestro es el mundo y su plenitud, es frotar la lámpara para que lo nuestro pueda venir a nosotros, si trabajamos por ello.

Dios se da en Salud a sus Hijos.

No puedes pensar en Dios como enfermo o débil, ¿verdad? El infinito no puede estar limitado por la debilidad o la enfermedad, de lo contrario, no sería infinito. En "La sabiduría de Salomón" está escrito:

"Pues Dios no hizo la muerte ni se alegra destruyendo a los seres vivientes. Todo lo creó para que existiera; lo que el mundo produce es saludable, y en ello no hay veneno mortal; la muerte no reina en la tierra, porque la justicia es inmortal. Los impíos llaman la muerte con sus obras y palabras".

Así habló el sabio Salomón. Sabía que Dios no hizo la muerte y que no se complacía en la destrucción de los vivos.

Todas las cosas que Dios hizo son realidades vivientes, y las cosas que no hizo no tienen existencia real, aunque parezca que la tienen. Esos son mitos, quimeras, invenciones del cerebro, ilusiones de una mente enferma. Por lo tanto, el individuo sano debe dejarlas de lado para poder ver la clara visión del mundo.

¿Por qué Dios creó al ser humano? No para que lo glorificaran, porque siendo perfección y teniendo gloria en su plenitud, él no necesitaba gloria adicional. No, él creó al ser humano y a todas las cosas, simplemente para que tuvieran su ser. Con este fin los hizo sanos, o a su imagen; y no puso en ellos ningún veneno de destrucción que produjera enfermedad, ni instituyó la muerte en el orden de la creación. Como dijo Salomón, los impíos han llamado a la muerte, o la han traído sobre sí mismos. Dios dio de su propia sustancia para crear al ser humano, y esa sustancia, siendo justicia, es inmortal.

Dios nos hizo a ti y a mí para que pudiéramos tener un ser sin el veneno de la destrucción. Entonces, acaba con la deprimente creencia que declara la enfermedad y la muerte como parte del gran plan de Dios.

Dios es sustancia viva, espiritual, la única sustancia en el mundo, la sustancia que subyace o está bajo el sol, la tierra, la luna, las estrellas, los seres humanos y todas las criaturas vivientes, y que es su Fuente de Vida.

Dios, o la sustancia viva, es eterno, inmortal, y como tú y yo somos de esa sustancia, también somos eternos, inmortales, por lo tanto, no hay veneno de destrucción en nosotros, ninguna enfermedad o causa de muerte.

Dios se da en Felicidad a sus hijos.

Ya que Dios le da su sustancia al individuo, debe dar felicidad, porque no podemos concebir a Dios como infeliz; si fuera así, no podría ser perfecto e infinito. Dios es dicha pura, y en la medida en que no alcancemos este estado, no recibiremos el flujo constante de la sustancia de Dios.

El Nuevo Pensamiento, en su clara visión del mundo, nos muestra que Dios es sabiduría, poder, amor, perfección, plenitud, armonía, opulencia, belleza, alegría e incluso más de lo que nuestros ideales actuales pueden abarcar. Nosotros solo vemos tenuemente la gloria que ha de ser revelada en nuestras vidas, sin embargo, la visión completa puede llegar antes de lo que pensamos. El mundo de ilusión está sosteniendo nuestros ojos y no podemos ver, sosteniendo nuestros pies y no podemos caminar, sosteniendo nuestras manos y no podemos hacer. Estamos autohipnotizados por esta ilusión, pero la Verdad está esperando para liberarnos.

Entonces, dirijamos todas nuestras fuerzas hacia la realización de la gran verdad de que Dios fluye desde su centro del Ser hacia la circunferencia y, por lo tanto, Todo es Dios.

Por así decirlo, el individuo es la circunferencia de Dios, pero su verdadero ser se remonta al centro.

La pobreza, la enfermedad y la infelicidad no están en el Ser de Dios, por lo tanto, son nubes irreales, evanescentes y fugaces que se ciernen sobre la vida humana con un propósito aún no revelado y que desaparecen cuando su trabajo ha terminado. Entonces conoceremos La Vida de Dicha.

CAPÍTULO 13

# AFIRMACIONES PARA TRIUNFAR

Al recorrer el camino hacia el éxito, debes estar equipado, y el equipamiento debe ser mental. No emprenderás el viaje a menos que estés impulsado por el coraje y la esperanza, y ese coraje y esa esperanza solo pueden llegar a ti a través del conocimiento de tu unidad con la invencible energía mundial, que en otras palabras es Dios.

Si careces de coraje y esperanza, te aconsejo que te entrenes utilizando las siguientes fórmulas:

### PRIMERA PARTE

Yo estoy abierto en mi lado interior o espiritual al océano inagotable del Poder Divino. Yo fluyo de él y soy uno con él, como una bahía es una con el océano o un rayo de luz es uno con el sol. Todo logro es mío a través del funcionamiento de este Poder. Yo tendré éxito en todo lo que emprenda.

## SEGUNDA PARTE

Los que esperan en el Señor renovarán sus fuerzas; levantarán sus alas como las águilas; correrán y no se cansarán; caminarán y no se fatigarán.

## TERCERA PARTE

El poder está dentro. Yo soy un centro generador de Poder, por lo tanto, mi Poder está dentro de mí y no fuera de mí. No necesito esperar a que las circunstancias mejoren a través de alguna influencia externa, porque yo mismo puedo cambiarlas con el Poder que está dentro de mí. El poder está dentro.

## CUARTA PARTE

Al haber comprendido que yo soy uno con Dios, la Energía Infinita y Eterna, y también al haber aprendido a buscar un centro radiante de esa Energía dentro de mi propio ser espiritual, yo ahora declaro que irradiaré Poder, incluso hasta los confines de la tierra si es necesario, para atraer lo mío, con eso quiero decir, lo que está relacionado conmigo, aquello que me ayudará a expresar mi ser superior, a hacer el mayor bien al mundo y a asegurar mi mayor felicidad. Con la concentración de todo mi ser:

AHORA LLAMO MI BIEN
Y
VENDRÁ A MÍ.

QUINTA PARTE

La Fe da un paso hacia el aparente vacío y encuentra la roca sólida.

SEXTA PARTE

El mundo es mi teclado y ahora puedo tocar en él.

SÉPTIMA PARTE

Yo bebo en la Fuente de la Alegría Eterna.

Memoriza lo anterior, parte por parte, y medítalo por la noche, justo antes de dormir. Es durante el sueño cuando la mente subconsciente es más receptiva a las sugestiones del consciente, y está dispuesta a actuar sobre ellas para traer lo tuyo en diversas formas.

La fórmula anterior para el logro es el resultado de mi propia vida y experiencia y conduce al éxito en cualquier línea de esfuerzo. Si la entiendes y la utilizas correctamente, te ayudará a sanarte a ti mismo y a los demás, y a tener éxito en todo lo que emprendas. Proporciona los principios mediante los cuales se alcanza la salud, se establece la felicidad y se asegura la abundancia financiera.

SELAH

# BIBLIOGRAFÍA

Mi corriente de pensamiento ha sido alimentada y ampliada tomando ideas de las siguientes mentes: Schopenhauer, Spinoza, Fénelon, Herbert Spencer, Swami Abhedananda, sir Oliver Lodge, Sir William Crookes, Alfred Russell Wallace, Madame Annie Besant, Profesor Bose del Instituto de Calcuta, Profesores William James y Josiah Royce de Harvard, Dr. Gibier del Instituto Pasteur, Dr. Carrel del Instituto Rockefeller y sir William Gull, destacado cirujano de Inglaterra, quien dijo: "¿Qué harán los médicos? Descansar y quedarse quietos. Aquel que hizo la máquina (el cuerpo) puede repararla".

## Sabiduría de Ayer, para los Tiempos de Hoy

www.**wisdom**collection.com

www.ingramcontent.com/pod-product-compliance
Lightning Source LLC
Chambersburg PA
CBHW051803040426
42446CB00007B/497